Geschichten aus der Heimat
Kleine Momente
Anekdoten aus dem Leben

Für
Ingo, Uli und Brigitte.

Foto: Akki Axel Schepers

Geschichten aus der Heimat!

Foto: Gabi Weber

Impressum
Autor: Steffen Kersken
© Rechte Steffen Kersken
Erste Auflage
Umschlag Steffen Kersken & Verlag Tredition
Verlag und Druck: tredition Gmbh – Halenreie 40-44 – 22359 Hamburg
Lektorat: www.lektorat-weirauch.de
Bilder: Thorsten Kasel, mal Mal im Pott Marlies Meier Freuken & Renate Squarr, Züleyha Mau, Gudrun Pennart & Sigrid Sanner, Doris Goebel, Gabi Weber, Alexandra Born, Akki Axel Schepers, Bernd Steckelbroeck, Susanne Syrek

Titel: Geschichten aus der Heimat!

Paperback ISBN: 978-3-347-00676-8
Hardcover ISBN: 978-3-347-00677-5
e-Book   ISBN: 978-3-347-00678-2

Der Autor

Steffen Kersken schreibt in seinen Büchern über das „Mensch sein", Heimat, und dem Leben. Er beschäftigt sich in unterschiedlichen Formen mit prägenden Begriffen wie: Liebe, Verantwortung, Perfektionismus, Erwartungshaltung, das Scheitern, Verletzungen und Schmerz, Hoffnung, Verzeihen, Glück, Alter, Krankheit, Trauer, Geborgenheit, Bedürfnissen, schwach sein und vielen reflektiven Prozesse!

Der Literatur-Nachwuchspreisträger von 2003 und ehemalige Handball-Jugend-Nationalspieler schreibt in seiner niederrheinischen Art, mit Humor, kleinen Anekdoten, aber auch mit nachdenklichen Texten, kleinen Impulsen und liebevollen Gedichten, über diese lebensnahen Themen. Nicht selten gleitet eine humorvolle, lustige Anekdote in ein Gedicht oder gedankenvollen Prosatext über.

"Da machste nix dran!" von 2013, über die Psychologie des Niederrheiners, wurde zum Bestseller.

"Dat is Ansichtssache!" schaffte es in die Amazon Top 300 Bestseller-Liste, wodurch er, ähnlich wie Hanns-Dieter Hüsch, den Niederrhein wieder überregional bekannt machte.

Mit seinen beliebten Musiklesungen füllt er große Hallen und wird von prominenten Musikern, Autoren, Comedians, Fotografen und außer-gewöhnlichen Künstlern unterstützt.

Mit den Einnahmen aus seinen kreativen Projekten für den guten Zweck, unterstützt er karitative Einrichtungen auf der ganzen Welt.

In unterschiedlichen Formaten, wie der Promi-Talk @Litfass!, Tapas Niederrhein, Steffen Kersken & Friends oder das Projekt Heimtat, zu dem auch dieses Buch gehört, bringt er Menschen aus allen sozialen Schichten zusammen, die sich austauschen können und Perspektiven wechseln dürfen.

Sein Buch „Mensch sein" setzt sich humorvoll mit gesellschaftlichen Prozessen und einfachen, menschlichen Bedürfnissen auseinander. Was bedeutet es heutzutage Mensch zu sein, in einer Welt voller Wandel und wachsenden Ansprüchen?

Die Texte und Bücher von Steffen Kersken durchleuchten lebensnahe Sinnfragen, aber immer mit einer Portion Humor und Selbstironie.

Wie sagt er so schön:

„Wenn wir über uns selbst nicht mehr Lachen können, dann entwickeln wir uns zum Dauer-Nörgler, zum Schwarzmaler, zum Permanent-Motzer und Allzeit-Mauler. Wir verlieren uns selbst und den Wert für das eigentliche Leben. Und zu leben ist eigentlich ganz schön!"

Projekt Heimat: In drei Büchern setzen sich über zwanzig Künstler, Maler und Fotografen mit den Texten von Steffen Kersken auseinander. Mit ihren Bildern von Menschen, Natur, Heimat und alltäglichen Momentaufnahmen, gelingt es, die Texte mit Leben zu füllen. Der renommierte Fotograf und Künstler Peer Deubel, sowie viele andere Fotografen und Hobby-Knipser vom Niederrhein, steuern mit poetischen Werken, in „Dat is Heimat", zu einem außergewöhnlichem Buch bei!

Informationen: SteffenKersken.de

Widmung

Dieses Buch ist der *Menschlichkeit* gewidmet.

Menschlichkeit ist kostenlos, sie ist eine Eigenschaft, die jeder Mensch besitzt,
wir müssen uns nur dafür entscheiden und sie nutzen.

In Zeiten von Veränderung, Flüchtlingsströmen, Pandemien, bedrohten Existenzen,
populistischen Parteien, Verschwörungstheoretikern und einer extrem leistungsorientierten
Gesellschaft brauchen wir die Menschlichkeit.

Wie können wir *für einander da sein*, in Zeiten von Krisen? Die Starken für die Schwachen,
die Menschen mit Heimat für die Heimatlosen, die Reicheren für die Ärmeren
und die Gesunden für die Kranken.

Menschlichkeit kann uns guttun, wenn wir *ein Stück teilen*, was wir teilen können,

wenn wir mehr *aufeinander zu gehen* und *reden*, statt Ellenbogen zu zeigen,

wenn wir *vergeben* als immer nur anzuzeigen, wenn wir nicht immer aushalten müssen,

sondern auch mal *schwach sein dürfen*.

Im Rahmen der kreativen Projekte geht der Großteil der Einnahmen an karitative
Einrichtungen. Dieses Buch ist Teil der kreativen Projekte
und wirbt für mehr *Menschlichkeit*.

Niederrheinische Füße

So gehst du durch das Leben
Mit beiden Füßen
Der rechte scherzt
Der linke schmerzt
Mit dem einen springst du
Der andere fällt
Mit dem rechten gehst du voran
Der linke ein Schritt zurück
Der eine tut weh
Der andere ist das Glück

So ist das im Leben
Du trägst beides mit dir
Glück und Schmerz
Du trägst es in dir
Auf dir, unter dir
Mit beiden Füßen

Links und rechts ein Fuß
Der Eine zurück
Der andere voran
Der eine hoch
der andere tief
So ist das im Leben
So ist der Weg
Auf dem wir gehen
Mit unseren niederrheinischen Füßen

Foto: Susanne Syrek

Fotos: Susanne Syre

„Komm, Jung", sagte der Holger noch zu mir
„Lass uns hinter den Horizont fahren, in die weite Welt hinaus.
Weg vom kleinen Niederrhein, über den Horizont,
da muss doch bestimmt etwas Großes zu finden sein!
Mal sehen, wat es da so gibt!"
Wir haben unsere Räder geschnappt und sind drupplosgefahren,
immer in Richtung Horizont,
ohne klares Ziel, aber weg vom kleinen Niederrhein
und über den Horizont, um Großes zu finden!

Kann ja sein, dass es noch etwas gibt,
über unsere Grenzen hinaus, so eine Art eine Erkenntnis
oder der höhere Sinn?
Irgendwas Größeres
als hier bei uns am kleinen Niederrhein.

So fuhren wir drauflos,
durch Bergheim, durch Friemersheim,
an der Mariensiedlung vorbei, zum Krupp-Gelände,
große Brücken kamen uns entgegen und die Rheinpreussen-Siedlung.
rauchende Türme, satte Felder und grüne Hügel flogen vorbei.
Immer weiter, schnurstracks dem Horizont entgegen,
am großen Binnenhafen entlang bis zur Niederrhein-Mündung,
durch das Ratinger Tor und nach Gürzenich,
ein bisschen Karneval feiern.

Und als wir da so fuhren,
der Horizont nicht kleiner wurde,
aber die Welt immer größer zu werden schien,
da sagte noch der Holger zu mir:
„Weiße wat, ich glaub, dat is nix für uns, dat mit der großen Welt.
Wat meinst du denn?"
„Ja nee, ich mein auch, die Welt ist irgendwie zu groß für uns!"
Also sind wir wieder zurückgeradelt, vorbei an rauchenden Türmen und grünen Hügeln,
wieder Richtung Horizont.
Die Welt wurde kleiner, aber irgendwie auch schöner!

Wir mussten zwar aufgeben, das Große gegen das Kleine tauschen,
aber eine erstaunliche Erkenntnis radelte mit:
Dat Große ist reizvoll, muss aber nicht immer das Richtige sein!

Als wir dann abends auf der Terrasse unserer Bergheimer Mühle saßen
und den Sonnenuntergang mit einem Bierchen begossen,
da sagte der Holger etwas sehr weises zu mir:
„Weiße wat , Steffen, wenn man zu Huis is, dann ist das Kleine ganz groß!
Und dann merkt man erst, wat man vom Leben hat!"

Fotos: Axel Akki Schepers

5

Perspektivwechsel

Zupke, mein ferner Bekannter, teilte mir neulich in der Moerser Kneipe Ritumenti mit, dass er aus perspektivischen Gründen, also wegen dem Blickwinkel und anderer dubioser Ansichten, nun immer Hut tragen würde. Er habe es satt, wie wenig empathisch die Menschen mittlerweile seien, sich nur noch um sich kümmerten, Ellenbogen-Philosophie auslebten und dadurch immer ängstlicher, verbitterter und quasi unfreundlicher werden würden, so Zupke zu mir in Moers über andere. Er selbst gab zu, so Zupke, dass ihm ein objektiver Perspektivwechsel bei manchen Themen und Menschen immer schwerer gefallen sei. Er habe deshalb immer dann, wenn ihm eine Meinung zuwider war, nicht passte, nicht ansprach oder ihm übel aufstieß, vor seinem Gegenüber einen eleganten Handstand durchgeführt. Egal wo, ob Supermarkt, Fußgängerzone, Theke oder neulich im Foyer der Sparkasse in Rumeln-Kaldenhausen!

Diese Methode, so Zupke zu mir im Ritumenti, nenne sich Handstandmethode, bei der man die eigene, eingefahrene Sichtweise durch das Schlagen eines Handstandes oder Rades auf den Kopf stelle, **also die Perspektive verändere.** Leider habe Zupke, so Zupke zu mir, in der Warteschlange zur Sparbuch-Beratung den Sparkassen-Filialleiter Herbert Knackfuß beim Durchführen eines Perspektivwechsels und Radschlags dermaßen niedergetreten, aus Versehen, betonte Zupke, aus Versehen, dass Knackfuß drei Wochen lang wegen Kieferprellung krankgeschrieben wurde und er diese Methode nun abgeändert habe.
Wegen der Verletzungsgefahr, also der körperlichen!

Er trage nun für unterschiedliche Ansichten, Blickwinkel oder Perspektiven unterschiedliche Hüte und habe immer drei verschiedenfarbige Kopfbedeckungen dabei, damit sein Gegenüber die unterschiedlichen Perspektiven erkennen könne. Sonst mache das Ganze keinen Sinn, nicht wahr, so Zupke zu mir.

Er trage den blauen Hut für **kritische Betrachtungen,** den gelben Hut für **schelmische Ansichten,** den weißen Hut **für offenen und empathischen Austausch!** Es gäbe noch einen schwarzen Hut für **Wutausbrüche und Impulsverhalten,** aber den gebrauche Zupke kaum noch!

Er habe, so Zupke in Moers, dadurch viel mehr Herz, Verständnis, Offenheit und Mitgefühl für sein Gegenüber entwickeln können, und ich solle die Hut-Methode ausprobieren, so Zupke zu mir in Moers, die anderen Menschen würden gleich viel freundlicher wirken, teilweise sogar lächeln und alles nicht mehr so ernst sehen, so verkniffen und perfektionistisch, weil sie plötzlich auf Verständnis treffen würden, die Hand gereicht bekommen oder sogar hin und wieder ernst genommen würden! Dazu brauche man auch kein Hut-Gesicht, meinte Zupke zu mir süffisant in Moers.

Der Baum im Winde

Schau, dort steht der Baum im Winde
Es schmücken ihn die Blätter reich
Ob Birke, Eiche oder Linde
Hier im Winde ist jeder gleich

Er steht dort irgendwo am Niederrhein
Und hofft, auch der Mensch ist gleich in diesem Winde
Für sie betet er im Dämmerschein
Glaubt an das Gute im Menschenkinde

Ach, wie gut das er nicht laufen kann
Sieht er nicht, wie dem Mensch die Weisheit längst entwischt
Es ist die Gleichheit, die der Mensch noch nie ersann
Und in diesem Winde, des Baumes Hoffnung still verlischt

Schau, dort steht der Baum im Winde
Ob Birke, Eiche oder Linde
Er steht dort irgendwo am Niederrhein
Für sie betet er im Dämmerschein
Sieht er nicht, wie dem Mensch die Weisheit längst entwischt
Und in diesem Winde, des Baumes Hoffnung still verlischt
Verlischt

Fotos: Bernd Steckelbroeck

8

„Es ist schon alles gesagt, nur nicht vom Niederheiner!"

Bilder Seite 9, 10, 11: Züleyha Mau

Bedürfnisse – mehr als ein Wort!

Neben ungewollten Lebenskrisen und Pausen, wo wir uns zwangsweise neu erfinden müssen, gibt es Auszeiten, so kleine Inseln im Alltag, die wir uns bewusst schaffen können. Der Mensch merkt dabei schnell, es gibt noch Bedürfnisse, die fernab von Beruf und Verpflichtungen bei uns vorhanden sind, quasi verborgen liegen oder im Alltag nicht beachtet werden. Der Beruf gibt uns Identität, Selbstwert und Anerkennung und vieles mehr, aber selbstbestimmte und Bedürfnis orientierte Pausen machen uns unabhängig von anderen Menschen und Gesellschaft. Mit Bedürfnissen bestimmen wir unser eigenes Wertesystem und ich fördere mein Selbstbild.

Sport treiben, Kurse belegen, Musik hören, Kurztrips, malen etc. - einfach mal verrückte Dinge ausprobieren!

Liebe Freigeister, Sie werden überrascht sein, was uns alles ausfüllen kann, fernab vom Wertesystem „Beruf". Und eines ist mir klar geworden: Ich darf selber bestimmen, was mir neben der Existenzsicherung von Wert ist, das muss einem anderen nicht gefallen, **aber ich nehme mich wichtig!**

Ich für meinen Teil sinne ja gerne … **ja, sinnen**. Positives Nachdenken. Nicht grübeln oder dösen, nein, erhoffen, aber nicht abschalten, **nee**, eher fantasieren oder tagträumen. Ich geh gerne in die Kneipe, setz mich da hin, ganz alleine und tagträume. **Tagträume sind wichtig,** oft grübeln wir über Probleme und das macht negative Gefühle, wie Angst. Aber wenn wir tagträumen, dann ist das positives Träumen, an etwas Schönes denken.

Liebe Quergedachten, das müssen Sie mal wieder versuchen: Tagträumen!

Sich in schöne Augenblicke träumen, sich geistig vom stressigen Alltag „wegüberlegen".

Schönes Wort: „wegüberlegen".

„Schatz, gestern habe ich mich geistig von dir wegüberlegt", müssen Sie mal sagen …

„Aber im positiven Sinne wegüberlegt", **das Sätzchen sollten Sie noch hinterherschieben!**

Sie dürfen beim Tagträumen nicht depressiv aussehen, nicht wahr, **bloß nicht** depressiv aussehen! Bedrückt geht noch, elegisch-bekümmert, na ja, bedröppelt, nun gut, trübsinnig, okay, schwermütig, kein Problem, aber **bloß nicht** depressiv!

Letztens saß ich in Moers in 'ner Kneipe, war am Sinnen und da kam ein Gast zu mir an die Theke:

„Also Herr Kersken, Sie gucken aber depressiv! Bei Ihnen is wohl sämtlicher Hopfen und Malz verloren, Sie schauen ja, **als hätte Sie der Esel im Galopp verloren!"**

„Nee, ich bin am Sinnen", sach ich!

Oder neulich in der Laterne in Duisburg, da saß mir gegenüber ein weiterer Gast, also sonst niemand, nur wir zwei und der Wirt. Zwei Stunden lang Schweigen, der Wirt wischte an seinen Gläsern rum, und mein Gegenüber guckte auf sein Herrengedeck, also Bier und Korn, und hat sich schweigend weggesoffen. Et sah jedenfalls so aus, als würde er jetzt weniger nachdenken oder sinnen. Aber man weiß ja nie genau, wenn so Leute drei Stunden auf das Bier und Korn gucken und schweigen, ob die jetzt nachdenken oder nicht, **man weiß es nicht!** **Sinnen oder saufen, dat is die Frage! Man steckt ja nicht drin!**

Man weiß es einfach nicht: Denkt der Mensch jetzt nach oder ist er ins Koma verfallen?

Man steckt nicht drin in so einem Kopp, nicht wahr!

Der Mann kann besoffen sein oder womöglich hochintelligent, kann ja auch sein!

Und er is wirklich nur am Sinnen!

Und viel schlimmer: **Er ist hochintelligent, aber ständig besoffen**. Man steckt nicht drin!

Er guckt jedenfalls nach drei Stunden urplötzlich hoch, mir direkt in die Augen, ich war ganz verdutzt, und sagt:

„Ich mag deine Fresse nicht!"

Ja, wirklich wahr! Er war drei Stunden im Koma, wacht auf und sagt: „Ich mag deine Fresse nicht!"

Die Psychologen nennen das Gegenübertragung, weil er seine Probleme auf meine Fresse projiziert! Ich sagte zu ihm: „Dann sind wir schon zwei!" Da platzte der Knoten zwischen uns. Wir haben uns danach noch oft in Moerser Kneipen getroffen, alle nannten ihn nur IC, weil er ein bosnischer Serbe war.

Wat is ein bosnischer Serbe? Klingt erst mal seltsam! Seine Mutter Serbin und Vater Bosnier, also gesellschaftspolitisch hat es IC ziemlich getroffen, jedenfalls da an der Adria heißen alle irgendwas mit „ic" am Ende. IC, eigentlich Kellner in einer Moerser Kneipe, saß nach Dienstschluss selber in einer anderen Kneipe und sann vor sich hin. Angetüddelt warf er deutsche Sprichwörter durcheinander. Er sagte zum Beispiel so Weisheiten wie: „Und genau da liegt **der Hase** begraben." „Welcher Hase denn?", sag ich.

„Wenn der Meier wat will, dann kann der auf einmal von Pontius nach **Pilates** rennen."

„Ach Pilates macht der Meier? Wusste ich gar nicht!"

„Also die Schwettmanns, die führen ne Ehe wie Sodom und **Gomera**."

Oder letztens in der Kneipe:

„Man könnte sagen, ich bin ihm richtig **vom** Dach gestiegen!"

„Jau", sag ich, „da bisse ihm mal richtig vom Dach gestiegen!"

Ich weiß noch, wie der die Diskussion mit den Herren Akademikern im Moerser Ritumenti geführt hat: „Ihr mit eurem Gehalt, da müsst ihr mal die Kirche **vorm Dorf lassen!**"

Was für einen Sinn hätte das, eine Kirche vor ein Dorf zu bauen? Wie kämen dann die ganzen alten Leute zur Kirche?

„Bei Flüchtlingsthemen darf man nicht um den heißen Brei herumreden, da **muss man mal Farbe erkennen, Herr Kersken!**"

Oder neulich:

„Mit so ner Sache, Kersken,**da läute ich nicht unbedingt die große Glocke!**"

„Nee, da läute mal besser nicht, IC!"

IC ist nicht nur bosnischer Serbe, sondern auch Niederrheiner und der Niederrheiner verdreht gerne sämtliche Wahrheiten, nicht wahr!

Ich habe manchmal das Gefühl, die Vergangenheit muss immer wieder neu geschrieben werden, nicht weil neue Erkenntnisse über Geschehnisse da sind, **sondern weil der Niederrheiner ständig seinen Standpunkt dazu verändert!**

IC, der bosnische Serbe, bekam aber hin und wieder auch einen sehr ernsten Blick, wenn er die Augenbrauen hochzog, dann wusste man, jetzt sinnt er gleich öffentlich! Er schmetterte neulich in die Runde: „Wir dürfen nicht nur unsere eigene Sprache verstehen, isso!"

„Isso" ist Niederrömisch, eine Mischung aus Römisch und Deutsch: Es ist so, lateinisch factum est ita, es ist so und so war et auch immer, ut erat semper, so wird es immer sein, glaub mir dat,

sic non semper erit!

Und die Steigerung ins Niederrömisch: „ISSO!"

Oder **„Komma"**, auch so ein Begriff: kommen gleich veni, komm mal eben, du hast ja sonst nix zu tun: get tempus plana, ihil tibi facere und die Niederrömische Steigerung: Verdorrich, kannze jetzt mal endlich kommen? Auf Latein gleich tandem venit. also Niederrömisch einfach: „Komma!"

Die neue niederrheinische Generation sagt jetzt immer: **„Schickma!"**

Andauernd sagen die schickma: schick ma rüber, schickma dat ruhig. Kannze mir schicken?

Oder auch als kritische Fragestellung: Hasse mir dat geschickt?

„Schickma" ist die niederrömische Steigerung von geschickt sein.

„Oppa" ist nicht Niederrömisch, das wäre ja lateinisch: avus, also Opa. Und ins Niederrömisch gesteigert: „Oppa!" Also lateinisch: opere gleich durch den Oppa durchoperieren, das geht nicht! Nein, das ist kein Niederrömisch!

„Isso", sagte der IC, „ihr Köppe könnt mir glauben, die Angst ist der Kitt unserer Gesellschaft! **Angst ist der Kleber der sozialen Beziehungen**, der Leim, der uns zusammenhält, der Papp, der uns gezwungenermaßen offenherzig denken lässt, Bindemittel zum Händereichen. Angst ist der Kitt unserer Gesellschaft", schrie der uns an, die anderen Leute drehten sich schon um!

„Nich so laut," sagte ich, „wat sollen die Leute denken?"

„Is ja gut, ich bin leiser. Aber ist doch wahr! Auf der Arbeit nur noch Leistungsdruck, Erwartungshaltungen und ständig sagt man dir: Du bist ersetzbar. Man macht uns Angst, und dann gibt es nur noch Konkurrenz statt Miteinander. Ellenbogenphilosophie statt Hilfe einfordern, nix mit echter Kommunikation. Jeder is nur noch für sich da! Ich sag euch: Angst ist der Kitt!"

„PSSSSST! Steiger dich nicht so rein!"

„Wir nehmen uns nicht mehr gegenseitig wahr, hören oder sehen uns nicht mehr, jeder kümmert sich um sich selbst, alles wegen der Angst! Angst ist der Kitt. Wir verlieren unsere menschlichen Bedürfnisse aus dem Blick, versuchen Erwartungen anderer zu erfüllen, auf der Arbeit, in der Familie und für Freunde dazusein, aber wo bin ich, WO IST DER MENSCH?"

„Tschhhhh, leise bitte, du steigerst dich rein! Kumma, da vorne sind Leute wegen dir wieder rausgegangen, die haben Angst gekriegt!"

Der Niederrheiner wird beim Streiten gerne laut, das ist diese berühmte niederrheinische Sozialpädagogik: **laut, aber völlig wirkungslos!**

„Angst ist der Klebstoff unserer Gemeinschaft, kein Wunder, das findige Politiker Ängste schüren: Angst vor Neuem, vor Veränderung, vor Menschen, vor Flüchtenden, vor dem Scheitern, vor dem Abgehängtsein und überhaupt die Angst vor der übrigen Welt!

Immer mitgehen, immer voran. Vielleicht sollten wir es mit mehr Liebe probieren: sich aushelfen, Hände reichen, um Hilfe bitten dürfen, Verantwortung teilen dürfen, mal schwach sein dürfen, verzeihen können, mal echt und ohne Fassade, das wäre doch was! Aber da ist wohl nur der Gedanke ein Vater!"

„Der Wunsch der Vater des Gedankens, heißt es, IC!"

Aber IC blickte schon wieder auf sein Herrengedeck, obwohl er recht hatte, und sein Sinnen erinnerte mich an einen Moment der Ruhe, der Stille, Schicht im Schacht, Pause im Gelände: Erst neulich saß ich in Friemersheim an der wunderschönen Kapelle, neben mir der Schweden-Holger, und wir blickten auf den Rhein in die Dunkelheit, auf einen grauen Schornstein mit orangener Flamme.

Und in diese orangene Stille hinein, in diesen niederrheinischen Moment, sagte der Schweden-Holger etwas, was irgendwie ganz weise klang: „Mir sagte mal jemand: ‚**Du musst immer wieder aufstehen, wenn du sechsmal fällst, musst du siebenmal aufstehen!**

Du musst immer wieder Tabula rasa machen, eine neue Rechnung eröffnen, einen Schnitt machen und einen Strich drunter setzen. Wenn sich eine Tür schließt, geht irgendwo eine neue Tür auf, du musst nur hindurch gehen, immer in der Bewegung bleiben, that`s it man!

Das ist Wachstum, das ist Entwicklung, Metamorphose, Bewegung, Ellenbogen raus und aufstreben, weitermachen, immer voran in der Bewegung und nie stehen bleiben, wir sind nämlich ersetzbar!'

Aber irgendwie ist mir das zu anstrengend geworden! Ich bin so müde von der Bewegung und fühle mich wie eine Schneeflocke, die in einem Sommerfeld niederfällt und einfach zerfließt oder in der Bewegung zergeht. Meine Handlungen haben keinen Sinn mehr, denn es geht nur noch darum, es anderen recht zu machen, sich zu entwickeln, nie stehen bleiben zu dürfen.

Wir rennen und hasten von Abschnitt zu Abschnitt, von Mensch zu Mensch, lassen zurück, demütigen, tun weh, keine Vergebung. Es ist diese Bewegung, die mich träge macht, die mich zum Stillstand bringt! Wir reichen Hände, ohne wirklich etwas zu geben, und wir bringen genau das unseren Kindern bei: ‚Wer rastet, der rostet, du musst alle Hebel in Bewegung setzen, sei ein rollender Stein, denn ein rollender Stein setzt kein Moos an!

Du musst ein Kämpfer sein, dich durchsetzen, stärker sein und nicht angreifbar und unfehlbar!' Ja Steffen, **äußerlich bewegen wir uns, obwohl wir innerlich auf etwas anderes warten.** Kurios, nicht wahr. Ein Paradoxon, eine seltene Antinomie, ein lebendiger Widerspruch und weise Polarität. Wir bewegen uns, obwohl wir schon auf der Stelle treten. Außen lebendig, innen tot. Wir wachsen, aber wir verlieren uns. Wir streben nach Großem, aber hinterlassen keine Spuren, die wir brauchen, um uns zu finden. Unsere wahren Spuren. **Vielleicht ist es diese Bewegung, Steffen, die mich so träge macht.** So fürchterlich müde. Ich habe meine wahren Spuren verloren."

Wir blickten stumm auf den Turm an der anderen Rheinseite und verfolgten die Bewegung der flackernden Gasflamme, wie sie über den grauen Schornstein in der Dunkelheit schwebte, denn das ist eben das Typische bei uns am Niederrhein, das Grüne und das Graue zugleich: ein Paradoxon. Traurig und humorvoll, lachen und weinen. Lebensfreude bewahren, auch wenn es schmerzt, wie eine Gasflamme in der Dunkelheit. Paradoxon eben.

Fotos: Sigird Sanner

Foto: Sigrid Sanner

Gleichheit

Ich bin unter vielen Namen bekannt
Und trage die verschiedenfarbigsten Gesichter
Aber im Kern bin ich ganz einfach
In der Sache ganz rein, in der Summe überschaubar
Und im Sinn so klar

Kurioserweise trage ich viele Namen
Die Menschen benutzen mich für ihre Zwecke
Für ihre Sache und so Dinge, von denen ich keine Ahnung habe
Die Leute verwenden mich, verbiegen, verfälschen
Oder entfremden mich

Ich existiere, wie etwas Unsichtbares
Lebe in den Diskussionen, in der Kneipe und Vereinen
Wie ein stilles Sein streife ich umher
Oft Vergeudet, bin ich verloren, in Phrasen und wortreichen Banalitäten
Ich existiere und bin da
Ein Dasein und ich lebe
Sie nennen mich *Offenheit*

Aber ich lebe zwischen den Ansichten, Blickwinkeln, Aspekten
Perspektiven, Argumenten und den Standpunkten von Welt
Ich verweile zwischen den Menschen, ganz still und doch nah
Sie reden von *Brüderlichkeit*
Während sie die Grenzen verschließen und sich selbst
Gleich bedeutet eben nicht gleich
Sie nennen mich *Menschlichkeit*

Aber sind gnadenlos in ihrem Streben
Wer auf der Strecke stolpert, der bleibt zurück
Sie nennen mich *Gerechtigkeit*
Aber legen mich selbstgerecht ab, wie es ihnen passt
Sie haben mir viele Namen gegeben
Und die verschiedenfarbigsten Gesichter

Ich existiere und lebe bei ihnen, zwischen ihnen und an ihnen vorbei
Ich existiere zwischen den Dingen
In den Kneipen und Vereinen
Ich bin existent, aber auch nicht wirklich da, eine unsichtbare Koexistenz
Einige nennen mich Gerechtigkeit oder Brüderlichkeit
Andere bezeichnen mich als Menschlichkeit oder Offenheit
Weshalb ich viele Namen trage

Aber im Kern bin ich ganz einfach, in der Sache ganz rein, in der Summe überschaubar
Und im Sinn so klar

Hin und wieder spreche ich meinen Namen aus

Um mich zu hören und zu spüren, mich zu sehen zwischen all dem und ihnen

Denn ich lebe noch, ja, ich existiere noch und bin, was ich bin

Die Gleichheit

Foto: Axel Akki Schepers

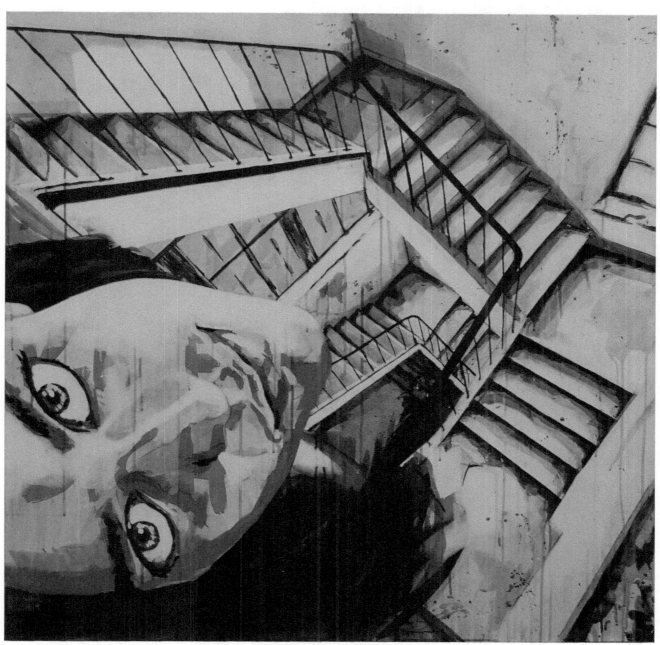

Foto: Thorsten Kasel

Bild: Thorsten Kasel

„Der Niederrheiner ist wie ein verrosteter Haken, er hat sich so lange um Kopf und Kragen krumm geredet, dass man ihn nicht mehr gerade kann!"

Ein Kopp und ein Arsch

Letztens saß im „Eckchen" in Uerdingen, dat is direkt am Rhein und da kann man wunderbar die Seele baumeln lassen, nicht wahr, liebe Freidenker. Ich brauch auch nicht viel, um die Seele baumeln zu lassen: ein Tresen, ein kaltes Bier und Gäste, die kaum was sagen. Die sollten, so wie ich, einfach nur dasitzen und sinnen. Ja, sinnen. Das Leben auf sich wirken lassen. In Stille. Also in sich einwirken lassen, ohne dass es sofort verbal verfälscht wird, wieder rauskommt und mich irgendwie einnimmt.

Am Niederrhein gibt es viele Tresenschweiger, da müssen Sie beim Kneipenbesuch mal drauf achten. Ich genieße das, wobei viele Leute so eine ausgemachte Stille ja gar nicht gut ertragen können. Hab ich letztens noch von Edda Lissen gehört, das ginge bei den beiden mit dem Schweigen schon morgens los. Und überhaupt, ihr Heinz würde schon lange kaum noch was sagen. Kaum. Nur gelegentlich, schon gar nichts Emotionales und nur noch Zweckmäßiges. Ich hab mit Stille keine Probleme, ich sinne ja gerne. Da braucht man die Stille. Eine Portion Ruhe.

Beim Sinnen entstehen viele kreative Gedanken, wenn man so mit sich allein ist, quasi in eine einsame Klausur geht.

Ich sitze dann irgendwo, schau in die Ferne und sinne vor mich hin. Ich horche in mich hinein, aus mir heraus und quer durch das Leben hindurch.

Hin und wieder kommt einer und sagt:

„Alles in Ordnung? Sie sehen so depressiv aus, Herr Kersken. So, als hätte Sie der Esel im Galopp verloren!"

Ich sag: „Alles in Ordnung, ich bin nur am Sinnen!"

Im „Eckchen" in Uerdingen kann man wunderbar sinnen, weil da nur alle paar Stunden einer wat sagt. Nach ellenlanger Stille schmeißt dann ein Gast einfach mal einen typisch niederrheinischen Satz in die Mitte des Gastraumes:

„Hat mir letztens die Brigitte erzählt, der ihre Tochter ihr Mann, der ist Arzt in den Wedau-Kliniken, und der hat letztens zu Brigitte gesacht, et wird demnächst noch wat viel Schlimmeres kommen als Corona!"

Dann ist wieder Stille und betretenes Schweigen der sechs Gäste, inklusive mir.

Sagt einer in dat betretene Schweigen:

„Lassen wir uns überraschen!"

Dat is Niederrhein live! Und dann is wieder Stille. Sinnen.

Und im „Eckchen" habe ich den Peter Freese getroffen, dat ist so einer, liebe Philosophen, der kommt in die Kneipe rein, setzt sich an die Theke und spricht erst mal gar nicht, also noch weniger als nix. Aber wenn der dat sechste oder siebte Herrengedeck aus Pils und Ouzo hat, dann sprudelt es aus ihm heraus, aber nicht in Sätzen, sondern in Weisheiten!

Der Peter Freese versprüht dann so eine absurd-psycho-melancholische Poesie, das Wort gibt es nicht, beschreibt den Peter Freese aber am besten!

Seine Ausführungen wirken zum einen niederrheinisch absurd, zum Teil aberwitzig und fern jeder Realität, aber urplötzlich berühren sie dich tief im Herzen, abrupt treffen sie dich, mit liebevoller Poesie und immer melancholisch anrührend!

Es musste nur der Ouzo aus Peter Freese sprechen und er avancierte zum überschwänglichen Poeten, zu einem Theken-Prediger mit Herz und Empathie. Man konnte stundenlang über die Poesie von Peter Freese nachdenken oder vor sich hin sinnen.

Wie letztens im „Eckchen" in Uerdingen. Wir sitzen schweigend an der Theke, da guckt mich der Peter Freese nach dem sechsten Herrengedeck plötzlich an und sacht:

„Wir sind ein Kopp und ein Arsch!"

Einfach so sprudelte es aus ihm heraus, so als spräche der Ouzo aus ihm.

„Wie ein Kopp und ein Arsch, Herr Kersken.

Wie Schwarz oder Weiß, da oben und da unten.

Wie Pest und Cholera, wie Sonne und Schnee.

Mein Vater und ich, wir sind verschieden, wie man nur gegensätzlich sein kann.

Er will mich zu dem machen, was er nicht ist, aber ich möchte nicht so sein, zu dem er mich machen will.

Ein Kampf zwischen Feuer und Wasser, eine stetige Schlacht, voller Tränen und Schmerz.

Gefüllt mit Verletzungen und Ignoranz.

Es hat uns getrennt, das Ringen, das Erwachsenwerden.

Das Gegeneinander, aus der Sorge heraus.

Aus Verantwortung heraus,

dieses Stärker-sein-Wollen als der andere.

Das Vater-und-Sohn-Ding.

Er will, ich muss, ich wollte doch nur, ich hab es gut gemeint,

aber du.

Und nun stehen wir unten am Rhein,

wie zwei einsame Weiden,

getrennt durch Raum und Zeit,

im Herzen die gegenseitigen Verletzungen,

all die üblen Worte,

er am linken Ufer, ich am rechten,

kein Weg zurück oder aufeinander zu,

uur noch die Vergangenheit.

Zwei einsame Weiden,

er am linken Ufer, ich am rechten,

getrennt durch den Rhein.

So verschieden und doch gleich,

denn was uns immer verbindet, ist das,

was uns auch ewig trennt.

Wir sind uns nah und doch so fern,

wir kämpfen eisern, halten stand, geben nicht auf und nicht nach.

Wir sind uns gleich.
Das, was uns immer verbindet, ist das,
was uns auch ewig trennt.
Wir sind Feuer und Wasser,
Pest und Cholera,
wir hassen und wir lieben uns.
Wir sind wie ein Kopp und ein Arsch.

So verschieden und doch gleich.
Wie zwei alte Weiden unten am Rhein,
der ein links am Ufer, der andere rechts,
getrennt durch den Rhein
Und verbunden durch den Fluss.
Wir sind getrennt und doch verbunden,
hassen und lieben uns,
was uns immer verbindet, ist das,
was uns ewig trennt.

Wie zwei alte Weiden unten am Rhein,
getrennt und verbunden durch den Fluss,
was uns immer verbindet, ist das,
was uns ewig trennt.

Wir sind wie ein Kopp und ein Arsch, Herr Kersken.
Verbunden durch etwas.
Ist das nicht traurig und auch schön?
Er ist mir über, aber er fehlt mir,
ein lebendiges Paradoxon.
Ein Kopp und ein Arsch!"

Und dann blickte Peter Freese wieder auf den Tresen und war still.
Sehen Sie, liebe Querdenker, das ist die absurd-psycho-melancholische Poesie:
Wir sind ein Kopp und ein Arsch!

Bilder: Thorsten Kasel

„Gestern war der Niederrheiner noch unentschlossen, heute ist er sich da nicht mehr so sicher!"

Foto: Bernd Steckelbroeck

Die besten Weisheiten vom Niederrhein

„Der Niederrheiner schweigt nach dem Prinzip: die kürzesten Antworten, wie „Ja" und „Nein", erfordern beim Gegenüber das meiste Nachdenken!"

Ich stand letztens in Schwafheim bei Edeka an der Kasse und ganz plötzlich, so aus dem Nichts heraus, nichts ahnend, aus dem Dunstnebel des Morgens, tauchte aus dem Labyrinth des Supermarktes der Herbert Kosniak auf. Er habe vor Kurzem mit seinem Bekannten Norbert Röksken ein oder zwei Begegnungen der dritten Art gehabt, also seltsame Erlebnisse, so hatte er das mir gegenüber formuliert. Röksken habe bei einer Verabredung zum Skat diverse Fischstäbchen gebraten, aber das sei nicht das Verwunderliche, obwohl Kosniak selber, so Kosniak, wohl für ein Abendessen unter Freunden etwas Gehobeneres wählen würde, sondern Rökskens Art, mit der er die panierten Fischfilets angebraten habe, nämlich von allen sechs Seiten, zunächst die schmalen Ränder rechts wie links, dann die dünnen Seitenteile ebenfalls links wie rechts und zum Schluss die großen Flächen oben und unten. Kosniak kam diese Vorgehensweise etwas spanisch vor, aber er dachte sich, dass Röksken wohl nur sicher gehen wolle, dass der Alaska Seelachs auch wirklich durch sei, wodurch er sich eine weitere Nachfrage verkniff, so Kosniak zu mir bei Edeka über Röksken. Kosniak sei aber immer stutziger geworden, so Kosniak zu mir, als Röksken bei einem Tankstopp während einer Fahrt an den Hülser Berg bei dem Versuch, eine gerade Eurozahl zu ertanken, den Benzintank zweimal hintereinander hat überlaufen lassen. Das sei doch wirklich nicht normal, so Kosniak über Röksken. Bei einem Fußballabend in Rökskens Wohnzimmer letzte Woche habe dieser tatsächlich nicht auf das Spitzenspiel FC Bayern gegen Borussia Dortmund umschalten wollen, nur weil Röksken dem Sprecher einer Tierdokumentation bis zum Ende zuhören haben müsse, obwohl niemand der Anwesenden Interesse an Vogelwanderungen gezeigt habe, wodurch die Männergruppe zwanzig Minuten des Spiels und ein Tor durch Borussia Dortmund verpasst habe. Die seltsame Angewohnheit von Röksken stieß in der Männergruppe für verbale Missgunst und Kopfschütteln bis hin zum Werfen diverser Erdnüsse Richtung Röksken, aber dieser schien einfach nicht aus seiner Haut zu können, so Kosniak zu mir über Röksken. Kosniak erinnere sich nun auch daran, das Röksken schon früher immer, auch im Hochsommer, in der U-Bahn immer lange Ärmel trug und sich niemals an der Halteschlaufe oder Haltestange festhielt, sodass er mehrfach gestürzt sei. Eine weitere komische Angewohnheit, die nun wie ein einzelnes Puzzlestück zu einem Bild wirke, so Kosniak über Röksken zu mir in der verdutzten Warteschlange bei Edeka. Er könne verstehen, wenn man bei bestimmten Autofahrern reflexartig mitbremsen würde, schiefe Bilder gerade hänge oder abends verängstigt unter dem Bett nachschaue, das seien mitunter komische, zu vertretende Angewohnheiten. Auch die seltsame Macke seiner Tante Rosemarie, auf Gästetoiletten alle Zeitschriften umzudrehen, weil sie sich durch die Gesichter der Titelfiguren merkwürdig beobachtet fühle, sei seltsam, aber irgendwo noch normal. Tante Rosemarie würde auch bei Arztbesuchen einen BH tragen, der nicht zum Slip passe, damit der Arzt bloß nicht auf die Idee käme, sie hätte die BH-Höschen-Spitzenkombination extra für ihn angezogen. Das sei eine weitere seltsame Marotte von ihr, aber krank sei das wahrlich nicht, so Kosniak zu mir, in der Warteschlange bei Edeka.

Aber als Röksken gestern seine Frau vor die Türe gesetzt habe, weil diese die Brusttasche seines Boss-Designer-Hemdes, ohne größere Rücksprache mit ihm, eigenmächtig in schräger Position angenäht habe, sei Röksken dermaßen der Kragen geplatzt, die Hutschnur hochgegangen, die Halsader angeschwollen und das Fass übergelaufen, dass Kosniak nicht ausschließen könne, Röksken habe ernsthaft nicht mehr alle Tassen im Schrank, sei aberwitzig geworden, vom wilden Watz gebissen, nicht mehr gescheit, abgedreht, er habe einen Dachschaden, ein Ei am Wandern, Morbus Meise, gaga, manoli, belämmert, den Verstand verloren, er höre den Knall nicht mehr, habe einen weg, einen an der Birne, ne Macke, den Sparren locker, nicht alle beieinander, völlig durchgeknallt, besemmelt, habe einen Schuss, wäre hirnverbrannt, nicht ganz dicht, habe einen Mann im Ohr sitzen, wäre nicht mehr zu retten, von allen guten Geistern verlassen, nicht ganz richtig im Hinterstübchen, nicht bei Trost, bei ihm rappele es im Karton, er habe seine sieben Sinne nicht beisammen, würde wie eine gesengte Sau rumlaufen, nicht ganz bei Verstand sein, ne Schraube locker haben, umnachtet sein, plemplem, habe einen Stich, den Föhn gekriegt, einen Hau weg, ballaballa, die Sicherung durchgebrannt, nicht mehr alle Nadeln an der Tanne, er ticke doch nicht mehr richtig oder sei einfach nur **BEKLOPPT!** Einfach nur bekloppt!

Seine Frau vor die Türe zu setzen, weil sie eine abgerissene Hemdtasche schräg angenäht habe, sei krank, zumal das Ganze wohl mit dem Gedanken geschehen sei, dieses Designer-Hemd noch mehr nach Designer-Hemd aussehen zu lassen. So etwas habe auch Rökskens Frau noch vergeblich interveniert, so Kosniak. Für Röksken sei das aber völlig absurd, so Kosniak, völlig absurd, man könne doch etwas Gerades nicht einfach so krumm machen, schließlich würde man Häuser, Aussichtstürme, Leuchttürme oder Schornsteine auch nicht schief in die Weltgeschichte setzen. Röksken habe dieses Hemd seit mehr als fünfzehn Jahren getragen, so Kosniak nach Röksken, und nun müsse er sich von diesem Hemd trennen, es loslassen und er müsse den ganzen Anziehwahn dieser Gesellschaft wieder mitmachen und ein neues Hemd kaufen! Auf Nachfrage durch Kosniak, was er mit Anziehwahn meine, hätte dieser sich wohl in Rage geredet!

Das Thema „Anziehen" betrachte Röksken allgemein als kontrovers, als Last, als Konsumfalle, als Erfindung der Industrie und Wirtschaftsmafia!

Er ziehe deshalb bereits seit Jahren Schuhe und Socken erst im Büro an und das Barfußlaufen in der Stadt würde ihm die nötige Freiheit zurückgeben und von den Zwängen dieser Welt befreien. Dieses ständige Anziehen, es fing morgens mit den Socken an, hinauf auf die Bettkante, Platz nehmen, sitzen, bis unter die Knie hochziehen, dann tragen und ertragen, abends wieder Bettkante, Platz nehmen, sitzen und vom Knie wieder herunterziehen, immer dieses permanente Hochziehen unter die Knie, dann tragen und ertragen, nur um auf der Bettkante wieder Platz zu nehmen, sitzen, den Strumpf, die Socke, das Söckchen, den Stumpen oder die Käsemauke vom Knie wieder herunterzuziehen, er könne und wolle diese sinnlose Zeitverschwendung nicht mehr ertragen, diesen Irrsinn, Blödsinn und Aberwitz, diese Laune der Gesellschaft, diesen Mitmachwahn von Bettkante, vom Platz nehmen, unters Knie hochziehen und ertragen, um es abends wieder auf der Bettkante vom Knie abzuziehen! NEIN! NEIN! NEIN!

So Kosniak zu mir, in der staunenden Warteschlange bei Edeka.

Auch das Ankleiden seines Lieblingshemdes, das mit der geraden Hemdtasche, so Kosniak nach Röksken, sei zuletzt immer mehr zu einer Tortur geworden, zu einer Torheit, zu einem Widersinn oder Narrheit, morgens dieses Ankleiden und Hineinzwängen der Knöpfe in diverse Knopflöcher, das Anziehen von oben beginnend nach unten hin, langsam fortschreitend, ein Knopf nach dem anderen, den man in das dafür vorgesehene Knopfloch zwängen würde, nur um sich mehrfach korrigieren zu müssen, sich neu aufzuknüpfen und das jeden Morgen, nachdem man zuvor bereits auf der Bettkante Platz gefunden habe, um die Socken unter das Knie zu schieben, nur um abends das besagte Hemd wieder von unten, langsam fortschreitend, nach oben hin, Knopf für Knopf und Loch für Loch aufzuknüpfen, es über den Stuhl zu hängen, glatt zu streichen, um dann auf der Bettkante Platz zunehmen und die elendige Socke vom Knie herunterzuziehen! Ein Auf und Ab, Hoch und Runter, ein Glattstreichen und Auf-die-Bettkante-Setzen, eine Verblödung, Umnachtung, sinnlose Gemütskrankheit von Ritual, ein Konsumwahn und Absurdität, so Röksken laut Kosniak! Auch das Hinaus- und Hineinsteigen in die Hosen falle Röksken zunehmend schwerer, je länger er über diesen Schwachsinn nachdenke! Röksken habe Kosniak erzählt, dass er Fenster, Schubladen, Küchenschränkchen oder Bücher schon gar nicht mehr erst öffnen würde, weil er sie ja sowieso wieder schließen müsse! All diese Vorgänge von machen und rückgängig machen, von Platz nehmen, unters Knie ziehen, tragen und ertragen, von unten nach oben knüpfen und wieder alles rückgängig machen sei doch ein Paradoxon, von höheren Mächten inszeniert, um uns zu einem Rädchen des Konsums zu machen, **vom Tragen und Ertragen, Anlegen und Ablegen, Benutzen und Abnutzen, Kaufen und Neukaufen und nur, um die Menschen durch diese sinnlosen Vorgänge unter Kontrolle zu halten, sie abzulenken von den Problemen dieser Gesellschaft, damit sie verdrängen, dass sie nur ein Rädchen in der Maschine sind, sinnlos jeden Tag funktionieren und gedankenlos handeln, während es überall auf der Welt brennt, Menschen sterben, Kinder verhungern, aber wir nehmen jeden Tag auf der Bettkante Platz, ziehen uns die Käsemauke unters Knie, tragen und ertragen, setzen uns abends wieder auf die Bettkante an unseren gewohnten Platz, da wo wir hingehören, und ziehen uns die Socke wieder vom Knie, tagein, tagaus, ohne Sinn und ohne Herz und das An- und Auskleiden sei doch nur eine sinnlose Verdrängung und reumütige Ablenkung, eine Maske, der hoffnungslose Versuch, Kontrolle über das Elend dieser Welt zu erlangen, indem wir tagtäglich an besagtem Elend in demselben Rhythmus vorbeileben würden. Eine Tragikomödie sei das Ganze!**

Da wolle Röksken nicht mehr mitmachen, so Kosniak zu mir, und die Geschichte mit dem Hemd und der schiefen Hemdtasche, das sei schon schlimm gewesen, aber das ganze Dilemma habe doch noch ein gutes Ende gefunden, denn Rökskens Frau habe ihm die Naht der Hemdtasche wieder aufgelöst und die Tasche schnell und ohne großen Aufwand wieder gerade angenäht, **sodass letztendlich alles, auch Röksken, wieder an seinen gewohnten Platz gefunden habe**, so Kosniak zu mir, mit nachdenklichem Gesichtsausdruck, stehend in der verstummten Warteschlange bei Edeka in Schwafheim!

Bilder: Gudrun Pennart

Die besten Weisheiten vom Niederrhein

„Die Vergangenheit muss immer wieder neu geschrieben werden, nicht weil sich neue Erkenntnisse über Geschehnisse ergeben haben, sondern weil der Niederrheiner ständig seinen Standpunkt dazu verändert!"

Was ist ein Glücksmoment?

Wenn wir auf der Suche nach Glück und Liebe endlose Meere durchqueren.
Wenn wir mächtige Berge besteigen, um Stärke zu beweisen.
Wenn wir trostlose Wüsten durchqueren, um es anderen zu zeigen.
Wenn wir in zornigen Stürmen standhaft stehen bleiben, um anderen und der Welt zu trotzen.
Wenn wir steinige Wege durchschreiten, auf der Jagd nach Anerkennung.
Wenn wir in reißenden Flüssen gegen den Strom schwimmen, um unsere Identität zu finden, immer getrieben von der Suche nach Glück.
Aber wenn vor dir etwas auftaucht, von jetzt auf gleich im Lichte steht, und du plötzlich bemerkst:
Glück braucht das alles nicht.
Es braucht weder Mühen noch besondere Stärke,
keine Wüsten, kein Bezwingen, kein Trotzen
und kein Standhaftbleiben.

Es war immer bei dir.
Dann ist das ein Glücksmoment.

Foto: Axel Akki Schepers

Wie die Alten sungen, so zwitschern auch die Jungen!

Wir Menschen lernen von unseren Eltern, Gesellschaft, Lehrern, Freunden und Vorbildern. Fast alle Denk- und Verhaltensmuster basieren auf gemachten Erfahrungen. Wir sind durch unsere Vergangenheit sozialisiert, weshalb auch der Niederheiner seine Eigenheiten fleißig an die nächste Generation weitergibt. „Gott sei Dank", sag ich dann immer, die Welt wäre langweilig ohne die Eigenarten des Typus Niederrheiner!

Es gibt sogar ganze Gesprächsverläufe, die am Niederrhein über Generationen und Jahrzehnte gleich ablaufen:

Zum Beispiel saß Oppa Hansdampf früher immer bei sich auf dem Sofa und hat sehnsüchtig gewartet, dass ich aus der Schule kam, nur um mich mit ganz fiesen Fragen zu löchern. Diese Fragen kennen Sie bestimmt auch alle, aber Oppa Hansdampf war wirklich Spezialist für solche Verhörfragen im weitesten Sinne:

„Sag mal, wat ist eigentlich aus dem Mädchen geworden, das neulich bei uns angeschellt und nach dir gefragt hat?" Ich sagte:

„Die geht bei uns zur Schule, sonst nix!"

Zehn Jahre später saß er immer noch auf dem Sofa und fragte mich:

"Hömma, wat is eigentlich aus dem Mädchen geworden, also die Kleine von den Gerbowskis, die damals bei uns angeschellt hat, lebt die noch in Trompet?", ich sagte:

„Nee, die lebt nicht mehr in Trompet."

„Nett war sie ja! Hat die nicht angefangen, Wirtschaftswissenschaften in Münster zu studieren? Ist die eigentlich noch in Münster?"

„Ja, die is noch in Münster."

Zwanzig Jahre später, datselbe Sofa und ich saß nichts ahnend nachmittags bei Kaffee und Erdbeer-Windbeuteln beim Oppa Hansdampf, da kommt, wie aus dem Himmel herab gestiegen, die Frage:

„Sach mal, wat ist eigentlich aus dem Mädchen geworden, die damals bei uns angeschellt hat. Dat war doch die kleine Gerbowski, die nach Münster gegangen ist, ist die jetzt eigentlich Steuerfachfrau oder son Gedöns oder nicht?

Ist die wieder nach Trompet gekommen oder hat die jetzt Kinder? Die war eigentlich ganz nett oder nicht?"

Dieselben Fragen kamen gefühlt jedes Jahr, da konntest du den Wecker nach stellen, aber wirklich! Jedes Jahr kam diese eine Frage, pünktlich wie die Maurer und immer auf dem Sofa! Viel später kam dann noch die sogenannte Verdienstfrage on the top, das ist am Niederrhein fast unmöglich, ohne die Verdienstfrage auszukommen:

„Hömma, wat verdient denn eigentlich so ne Steuerfachfrau oder wat is die kleine Gerbowski von Beruf für ein Gedöns?"

„Vielleicht 3500 brutto."

„Wat? Ach, brutto. Gut. Ja, brutto, ich dachte schon! Aber nett war sie ja!"

„Ja, nett war sie. Mhmm."

„Aber Steuerfachfrau, dat is ja schwer zu lernen, dat hätte ich an ihrer Stelle nicht gemacht, bei aller Liebe! ABER DA STECKT MAN JA NICHT DRIN, IN DER GERBOWSKI!"

Neulich sitze ich neben meiner Tochter auf dem Sofa:
„Sach ma, wat macht eigentlich der Junge, der dich letztens auf dem Spielplatz ganz plötzlich abgeknutscht hat? Wohnen die Eltern nicht Rumeln- Kaldenhausen, ich glaub der Vatter arbeitet doch in der Niederrheinischen Blechdosenfabrik?"
„Weiß ich nicht", sagte meine Tochter, sie ist gerade fast drei Jahre alt, nicht wahr, und meine Frau rief zu mir rüber: „Wat willst du denn von dem armen Kind immer alles wissen?"
„Ich kann da nix für, dat muss an meiner Wurzel liegen, dat is niederrheinische Sozialisation, DA STECKT MAN NICHT DRIN!"

Foto: Axel Akki Schepers

35

Zipperlein und gute Besserung!

Ich hasse Kanten! Im Alter sind Kanten schrecklich. Nicht nur Tisch- oder Schrankkanten, sondern jegliche Form von Kanten. Ich schlage vermehrt Gläser oder Tassen an die Spülmaschinenkante, mit massiven Folgen für das Inventar. Meine Frau sagt dann immer:

„Hasse schon den Augenarzt-Termin gemacht, so geht das nicht weiter, ich muss hier ständig neue Gläser kaufen, nur weil du zu stolz bist, zum Augenarzt zu gehen!"

Ich sag:

„Ich kann gucken wie ein Bussard, also ich seh alles und auch mehr. Das Licht am Ende des Tunnels, den Wald trotz Bäume, den Tatsachen ins Gesicht und wenn ich möchte, sogar die Klammer im Heuhaufen! Mit den Kanten, dat is wegen der Hektik morgens, wenn et schnell-schnell gehen muss! Kanten und ich, dat is wie Nordpol und Mallorca. Außerdem bin ich eher grob veranlagt, Feingefühl liegt mir nicht, eher Pi mal Daumen, in etwa, ungefähr, so in diese Richtung", und peng, wieder mit der Tasse gegen die Kante.

„Also, dat Spiel sehe ich mir nicht länger an!", sagt dann meine Frau.

Liebe Querdenker, wir verdrängen gerne das Zeitliche, die Spuren des Alters oder den Ablauf des Verfalldatums, nicht wahr. Aber jeder hat so sein Zipperlein! Früher habe ich mich ständig gebückt, wenn et nötig war, heute lasse ich auch mal 10 Cent liegen, auch wenn ich et nötig habe! Ich hab Knie oder Rücken, heißt et dann. Am Niederrhein sagt man ja zu allem Malesse!

„Ich hab Malesse mit Rücken."

Keiner weiß so genau, wat er eigentlich damit meint, also ist das ein Bandscheibenvorfall oder son entzündeter Nerv, aber alle wissen irgendwie Bescheid. Malesse ist am Niederrhein eine allgemeingültige Diagnose, quasi eine Universal-Erkrankung.

„Hasse gehört, der Willi Benrath, Malesse mit Magen, kurz vorm Abnippeln! Er is jetzt in den Wedau-Kliniken, **können se aber nix mehr dran machen!**"

Der Satz ist enorm wichtig am Niederrhein, so als stiller Einschieber oder grandiose Zugabe:

„Können se aber nix mehr dran machen!" Oder:

„Hasse gehört, die Liesl Dammer, ganz schlimm Malesse mit Gürtelrose, die is im Helios in Krefeld, können se aber nix mehr dran machen!"

Das ist der niederrheinische **Malesse-Satzbau:**

Am Satzanfang die „Hasse gehört"-Frage, dann Subjekt, Malesse, die Ortsangabe und am Ende der stille Einschub oder die grandiose Zugabe!

Mit dem Befriff Malesse vereinfacht sich der Niederrheiner das Leben, denn Malesse mit Rücken is Mallesse mit Rücken, fertig! Keine komplizierte Diagnose, oder ein komplexer, unverständlicher Vorgang wird auf das Nötigste herunterrationalisiert: Liesl ist krank!

So kann man das nicht zu Ertragene, quasi das Unveränderbare, besser ertragen. Andere Konsorten wiederum rennen von Arzt zu Arzt, aber bei den vielen Krankheiten heutzutage, mit denen die Leute so um sich werfen, da verlieren selbst die ansässigen Akademiker jeglichen Überblick. Malesse ist ein Riesen-Geschäft geworden, nicht wahr!

Die Ärzte wirken mittlerweile überfordert bei all den Krankheiten, die es zwischenzeitlich zu diagnostizieren gibt:

Da schickt dich der Hausarzt zum Neurologen, der Neurologe zum Orthopäden und der Orthopäde schickt dich zum Psychiater, wo du den Hausarzt im Wartezimmer triffst!

Aber wirklich! Nee, liebe Pioniere, wir sind Weltmeister darin, das Altwerden oder Kranksein zu verdrängen. Wir schmieden Pläne, machen so weiter wie immer, tagein, tagaus. Wenn et dann kommt, dann kommt et plötzlich und knüppeldick. Oder im Freundeskreis werden immer mehr Leute krank, marode, labil, altersmüde und das macht Angst! Viele werden im Alter sogar noch seltsamer!

Dann geht das Grübeln los, über Gott und die Welt, das eigene Leben und was man noch machen möchte. Das macht Angst und führt dazu, dass wir nicht leben, im Hier und Jetzt genießen oder dankbar dafür sind, was wir noch alles machen können. Ich habe im Rahmen meiner Arbeit Menschen erlebt, die haben beide Beine verloren, aber ihren Lebensmut nie verloren, und Pläne geschmiedet über das, was sie noch machen können. Andere wiederum verdrängen das Altwerden bis zuletzt oder verfallen in einen Gesundheitswahn. Aber ein menschliches Bedürfnis ist unter anderem auch der Genuss oder die Freiheit zu leben trotz alltäglicher Einschränkungen.

Aber der Trend geht heutzutage zum Gesundleben, also zum Gesundheitswahn, nicht wahr! Auf was man heutzutage beim Errichten eines Geburtstags-Buffets alles achten muss, erstaunlich! Jetzt habe ich gehört, dass Avocado zu essen ungesund sei, weil beim Aufschneiden der Schale Bakterien und Schadstoffe in das Fruchtfleisch geraten. Ein weiteres Avocadoproblem ist nun in England aufgetaucht: Die britische Gesellschaft für plastische, rekonstruktive und ästhetische Chirurgie befürwortet laut der Zeitung „The Times" einen Warnhinweis auf Avocados. Grund: Jede Woche müssen Ärzte sogenannte „Avocado-Hände" behandeln. Dabei hat sich der Patient beim Aufschneiden einer Avocado oder beim Versuch, den Kern einer Avocado zu entfernen, tief in die Hand geschnitten. Verrückt! Vielleicht sollten werdende Veganer wissen, wie gefährlich das wirklich sein kann!

Malesse ist übrigens vom französischen Begriff „Malaise" abgeleitet, was die Schweizer wiederum aus dem Französischen ein wenig entfremdet haben, wodurch der Niederrheiner letztendlich sein „Malesse für alles" daraus gemacht hat.

Bildungssprachlich heißt Malesse: **ein Zustand schlechter Stimmung**.

Wenn die Margot Kessler aus Dinslaken immer sagt: „Ich hab Malesse am Rücken", heißt das also salopp übersetzt: „Mein Rücken ist in einem Zustand schlechter Stimmung!"

Der Rücken hat keinen Bock, könnte man sagen!

Apropos seltsam. Ich merke vermehrt, dass Leute im Alter plötzlich keinen Spaß mehr verstehen, ja sogar griesgrämig werden, brummig, aggressiv oder verdrossen. Störrig. Unmutig. Zuweilen genervt oder ungelegen. Empört und gereizt. Ich könnte jetzt stundenlang so weitermachen.

Unerquicklich. Entschuldigung!

Der letzte Lebensabschnitt und die Leute haben plötzlich und auf einmal keinen Spaß mehr in den Backen. Kein Esprit mehr oder „just for fun", kein „lass knacken" mehr oder „gib Gummi". Da wird das Betthäschen zur Spaßbremse und Freude zur teuren Angelegenheit.

Da werden Ulknudeln plötzlich zu Permanent-Nörglern, ein Till Eulenspiegel zum Schwarzmaler, ein heiterer Kumpel zum Meckerfritzen und feucht-fröhliche Bekannte zu Verschwörungstheoretikern!

Alles ist nur noch schlecht und diese Flüchtlinge, auf der Arbeit nur narzisstische Blödmänner, wir Normalos werden doch alle kleingehalten, die Besserverdiener werden bevorteilt und die Politik erst! Die Politik tut gar nix mehr für einen, aber vor allem diese Flüchtlinge, die bekommen mehr als ich und ich habe jahrzehntelang eingezahlt! Jahrzehntelang! In der Schule nur inkompetente Lehrer und das System, ja das System, da kommt niemand mehr mit klar, aber diese Flüchtlinge erst, und die senile Omma im Altersheim und der olle Vadder wieder, er nörgelt in einer Tour, aber diese Flüchtlinge erst und mir geht es **so dreckig, so dermaßen schlecht, so dependent, schrottig und jämmerlich, so grottig** und erst dem Metzger um die Ecke, den Dachdeckern auf dem Dach und den Ärzten im Ärztehaus geht es noch mieser, allen geht es **so schlecht, so gammelig, kümmerlich, so kodderig** und im Kegelklub nur falsche Bauern, im Chor nur falsche Töne, auf dem Klo nur noch traurige Sponti-Sprüche, auf dem Golfplatz nur noch schwarze Löcher, und diese Syrier, und allen geht es so schlecht, alle erkrankt, ohne Ergebnis, nicht auf der Höhe, alle suboptimal, irgendwie verzogen, verschimmelt, vergammelt, ungünstig, schwerlich, fehlgeschlagen und fehlgeleitet, einfach nur noch schlecht!
Gute Besserung!

Zupke, mein entfernter Bekannter, aber nicht Verwandter, erzählte mir neulich beim Griechen in Bergheim, dass er sich neuerdings angewöhnt habe, freilich mit etwas Übung, nach diversen Gesprächen, Unterhaltungen oder auch nach einem Small Talk, sei es im Stehen oder gerne im Sitzen, ob in der Fußgängerzone oder an der Bar, statt einem gewöhnlichen „Tschüs" ein „Gute Besserung" zu wünschen.

Zupke, zu mir beim Griechen, sei es zunächst peinlich gewesen, diesen kleinen Seitenhieb, diese verbale Spitze oder versteckten Hinweis zu äußern und es habe ihn eine gewisse Überwindung gekostet. Aber die Tatsache, dass auch langjährige Freunde oder Bekannte immer mehr nörgelten, zum Teil sogar ins unerträgliche Alles-Stänkern verfielen, habe ihn letztendlich davon überzeugt, seine Kommunikationsweise entsprechend anzupassen, vielmehr noch, seine Reaktion auf verbales Dauer-Nörgeln und Permanent-Murren zu verschärfen. Dieses **latente Erwachsenen-Quengeln** sei er über, mache ihn wurmstichig, aber so wat von wurmstichig, so Zupke zu mir beim Griechen in Bergheim!

Das sei der Grund, warum er sich letztens im privaten Freundeskreis, nach penetrantem Flüchtlings-Moppern, Mobbing-Gezetere und Gerechtichkeits-Quengeln mit einem leisen und freundschaftlichen **„Gute Besserung"** verabschiedete! Diverse Freunde, so Zupke zu mir im Poseidon, hätten seine Anspielung kaum wahrgenommen, weshalb er etwas später, am wöchentlichen Doppelkopf-Stammtisch, mit ausdrucksvoller Stimme ein munteres „Gute Besserung" in die Kneipe geschmettert habe, was auch an Nachbartischen zum kurzfristigen Verstummen führte! Aber nur kurzfristig, **es sei noch keine dauerhafte Besserung zu erkennen gewesen**! Zupke, so Zupke zu mir, sei neulich sogar der emotionale Geduldsfaden gerissen, als er am Duisburger Bahnhof, auf der Toilette sitzend, vom Häuschen-Nachbar regelrecht von der Seite angefahren wurde, warum es denn hier nur einlagiges Toiletten-Papier gäbe und ob sich eine moderne Stadt kein zweilagiges Ritzen-Krepp leisten könne! Überall, wo man geht und sitzt, seien nur noch Nörgel-Fressen, so Zupke zu mir, mit erboster Stimme.

Er habe sein Verhalten deswegen verschärft und sich bei einem spanischen Abend in Moers etwas völlig Abwegiges geleistet, etwas völlig Aberwitziges, so Zupke. Das mondäne Pärchen am Nachbartisch sei dermaßen mit einem Dauer-Beschweren und Allzeit-Motzen aufgefallen und habe sich selbst über die kleinsten Auffälligkeiten beschwert, dass Zupke sich ein Einschreiten mehrfach habe verkneifen müssen. Mehrfach!

Er ließ es sich aber nicht nehmen, beim Verlassen des Lokals kurz an den Problem-Tisch heranzutreten und dem verdutzen Mecker-Pärchen ein fröhliches „Gute Besserung" zu wünschen!

Ein kurz aufbrausender Applaus der nebenan sitzenden Gäste brachte das Moser-Paar vollends zum Schweigen!

Durch diese Erfahrung motiviert, so Zupke zu mir zwischen Ouzo und Zaziki, habe er sämtliche Hemmungen verloren und im Zug neulich sogar eine harte Nuss geknackt, als er einen narzisstischen Ehemann und System-Stänkerer zurechtwies, als dieser im Zug die verstörte Schaffnerin annörgelte, wer denn im beschmutzen Abteil für die ganzen Sauereien gefälligst verantwortlich sei! Zupke habe sich passend eingemischt, dass für Sauereien in Zügen der Fahrgast verantwortlich sei, und dem perplexen Mecker-Ehemann obendrein ein „Gute Besserung!" gewünscht, woraufhin sich die genervte Ehefrau ein kurzes Lächeln nicht verkneifen konnte.

Zupke würde neuerdings nur noch, immer wieder, ohne darüber nachzudenken oder zu zweifeln, bei Verabschiedungen ein „Gute Besserung" verwenden. **Pauschal!**

Egal ob Small Talk, Unterhaltung, Kneipen-Geschwätz, Grill-Abend, Zufalls-Treff oder Vereins-Pudelei, ob Verkaufs-Gespräch, Meeting, Zielverhandlung, kollegialer Talk oder Mitarbeiter-Gespräch, er würde immer ein „Gute-Besserung" wünschen. Pauschal!

„Sicher ist sicher", so Zupke zu mir beim Griechen am Wendekreis!

Die Menschen würden immer mehr darauf reagieren, zum Teil überrascht oder sogar positiv, einige wenige könnten, wenn sie ein „Gute Besserung" nach ihrem Motz-Anfall zu hören bekämen, ein verschmitztes Lächeln nicht unterdrücken!

Zupke, so Zupke zu mir, habe letztendlich sogar in Telefongesprächen ein „Gute Besserung" gewünscht, selbst bei hochoffiziellen Gesprächen, die hochoffiziell zu hochoffiziellen Zwecken mitgeschnitten würden, wie auch bei dem Telefonat mit Herbert Knackfuß, dem Leiter der Sparkassen-Filiale in Rumeln-Kaldenhausen, hätte sich Zupke mit einem „Gute Besserung!" verabschiedet.

Mit Erfolg, denn, wie die hochoffizielle Tonaufnahme der Sparkasse beweisen würde, so Zupke zu mir in Bergheim, hätte Knackfuß das Gespräch mit einem einsichtigen **„Dankeschön"** beendet!

Nachdem Zupke den letzten Ouzo leerte, blieb er noch einmal abrupt in der Türe des Griechen stehen und drehte sich zu mir mit zwei abschießenden Worten um: „Gute Besserung!"

Flaschenpost

In einer Flasche, grün und fein
Schrieb ich Dir meine Liebe
Und sie trieb Strom ab im Rhein
Auf dass sie ewig bliebe

Vorbei an alten Ruinen und Gemäuern
Entlang stillgelegter Stahlwerke
Und großer Furcht vor Schornsteinungeheuern
Doch in der Liebe fand sie Willensstärke

Tag ein Tag aus, durch jedes Wetter
Endlos trieb sie im Fluss
Gestupst von Wellen wie Kanonenfutter
Ihre Heimat fern, kein Abschiedskuss

Ihre Hoffnung war ganz klein
Das gerade Du sie finden würdest
Als Flasche stets ein stilles Sein
Doch die Liebe baut im Himmel ihr Podest

So trieb sie einfach fort
Wissend, dich nie finden zu können
Mit meiner Liebe im Bauch an einen fremden Ort
Hat Ihre Reise als Flaschenpost begonnen

In einer Flasche, grün und fein
Schrieb ich Dir meine Liebe
Und sie trieb Strom ab im Rhein
Auf dass sie ewig bliebe

Auf dass sie ewig bliebe

Foto: Bernd Steckelbroeck

Von Freiheit und innerer Freiheit

Unsere Gesellschaft kommt ständig mit neuen Sachen um die Ecke, und ich habe oft das Gefühl, den Verdacht und eine Portion Argwohn, dass wir jeden Fortschritt mitschreiten müssen, jede Entwicklung uns mitentwickeln soll, jedes neue Ding uns erneuern soll, und zwar im schnellen Galopp. Man ist vom Fortschritt gerade erst erneuert worden, da kommt schon der nächste im Galopp vorbeigeritten und will was von dir!

Altes Handy und du wirst schief angesprochen, quasi von der Seite angeschaut, nicht wahr. Keine ACTIVE-Uhr und du gerätst ins Kreuzfeuer, kriegst einen vor den Latz geknallt. Einmal ne schlechte Krawatte im Büro und dir bläst der Wind ins Gesicht, überspitzt gesagt.

Mitmachen oder nicht? Wir müssen schon früh abwägen, was gut oder schlecht ist: Welche Schule ist gut oder in welchen Kindergarten schicken wir die ganz Kleinen?

„Also man sagt ja, der Kindergarten an der Blumstraße ist der Beste. Also nicht man, sondern die Frauen aus der Wusel-Krabbelgruppe sagen das. Also drei von der Wusel-Krabbelgruppe sagen das beziehungsweise die Lisa Schmidtkes sagt, der Kindergarten in der Blumstraße ist der Beste. Also da müssten sich schon viele Leute irren, also ganz viele, wenn dat nicht der beste Kindergarten von ganz Trompet, Bergheim, Oestrum und Rumeln-Kaldenhausen wäre!"

Letztens in der Warteschlange bei Aldi hat mir auch jemand von der Schule berichtet:

„Da gibt es Unterschiede, ja ja, vor allem die Ausländerzahlen, Herr Kersken, allein die Ausländerzahlen an Ihrer früheren Schule! Herr Kersken, ich sag es Ihnen mal unter vorgehaltener Hand, ich bin ja nicht ausländerfeindlich, aber da fürchtet sich mein Kind, in die Pause zu gehen!"

Was wird studiert? Nur das Beste, versteht sich von selbst: „Akademiker, nicht wahr, darunter ist man nichts! Guck mich an, ich musste dat ganze Leben schuften, dat sollst du ma nich!"

Tablets für die Kids ab zwei und was sind die coolsten Schuhe für Dreijährige?

Das sind die Sorgen der jungen Elterngeneration! Bloß alle Trends im Auge behalten, immer up to date, sich auf den neuesten Stand bringen, automatischer Neustart, erneuern, pushen, digitalisieren und vervollständigen. So muss dat, liebe Freigeister! Und in Zeitschriften liest man plötzlich von Krankheiten, da habe ich das Gefühl, die bekommt man erst, seitdem man sie erfunden hat!

Oder der Thermomix. So ein kleines, geschmackloses Ding, spaltet eine ganze deutsche Gesellschaft!

Entweder oder, ja oder nein zum Thermomix! Schwarz oder weiß! Das sind die Kern-Probleme unserer Gesellschaft, wenn man den Themen einer Gartenparty nachgeht! Syrien wird plattgemacht, aber am Stammtisch streitet man über den Thermomix! Oder diese ganzen Ernährungstrends, muss man da alles mitmachen?

Omnivore Esser, Rohköstler, Vegetarier, Veganer, Frutarier, Marsianer und son Gedöns!

Also ich steh nachts auch für ne einfache Bockwurst auf, ganz ohne schlechtes Gewissen!

Ehrlich, ich mach für son Würstchen mitten in der Nacht die Alarmanlage aus, da kenne ich nix! Da hab ich auch keine Malesse mit bzw. schwere Gedanken oder ein schlechtes Gemüt, moralische Bedenken oder es grüßt mich die Justitia, von wegen Fleisch! Es muss nur im

Rahmen bleiben und wir können bewusst mit Fleisch und dem Töten von Tieren umgehen, muss aber alles gleich ins Extreme verfallen?

Auch diese modernen Diäten, da blickt doch schon gar kein Schwein mehr durch! Letztes Jahr hat man mir zum Beispiel ein Gutscheinbuch geschenkt, und das kennen Sie vielleicht auch, der Niederrhein ist mittlerweile übersät und sogar zugepflastert mit griechischen Restaurants! Ich habe eine Woche lang nur mit griechischen Gutscheinen die sogenannte Steinzeit-Diät ausprobiert. Kennen Sie Steinzeitdiät?

Nur Fleisch, keine Kohlenhydrate!

Montags Gyros, dienstags Bifteki, mittwochs Moussaka, donnerstags Suzuki und Zaziki, freitags Souvlaki, samstags Kleftiko und sonntags die Olympia-Platte - is ja Sonntag! 25 Kilo! Leider zugelegt!

Aber bei unserem Griechen in Bergheim ist der Gutschein besonders nett: Zehn Ouzo trinken, eine Flasche Ouzo umsonst! Muss man aber noch im Laden vertrinken! Nee, mitnehmen geht noch nicht!

Ich war jedenfalls mit den Langscheids beim Spanier und mal nicht beim Griechen, da war ich ganz froh, und die Gisela Langscheid, eine Herzens-Seele, liebe Freigeister, aber die Gisi spricht nicht in Sätzen, sondern in Anekdoten! Man könnte auch ironisch behaupten, die Gisi liebt das Nähen, denn sie ist öfters mal auf der Suche nach dem roten Faden, nicht wahr!

Also, in ihrem Kopf hat vieles noch einen Sinn, aber auf ihrer Zunge verliert sich oft jegliche sinnvolle Essenz in ein niederrheinisches Paradoxon!

Das ist quasi die Problemzone des Niederrheiners: der rote Faden!

Die Gisi besitzt auch die Lebenskunst, zu 90 Prozent mit Leuten auszukommen, die sie nicht mag! So hört sich dat zumindest an, wenn Niederrheiner über andere erzählen und vor allem, wenn die Gisi erzählt! Überhaupt, egal wo man heutzutage hingeht, überall wird schlechtgemacht, runtergeputzt, verunglimpft und wie schlecht doch alles ist, im Verein, mit den Freunden, auf der Arbeit, in der Gesellschaft und so wat alles.

Niemand denkt mehr positiv, so hab ich es im Verdacht, und sagt frei raus, was er möchte.

Lieber Protestwählen als konstruktive Kritik zu üben und für eigene Bedürfnisse richtig einzustehen. Mal echt sein und keine Fassaden zeigen, das gelingt vielen doch gar nicht mehr, nee, lieber wegducken und sich über Greta Thunfisch lustig machen, oder Thunberg. Statt mitzuverändern, erst mal schön abwerten, statt aufzustehen sich lustig machen oder vor den Latz knallen.

EINFACH MAL MITMACHEN!

Es geht uns vielleicht zu gut, als dass wir uns konstruktiv bewegen, kritisch in Fahrt kommen, auf die Straße gehen und mal Werte hochhalten. Komfortzone und Wohlstands-Adipositas nenne ich das.

Für viele geht Empathie und Perspektivwechsel nicht weiter als die Drehweite ihres Barhockers in der Stammkneipe! Prost.

Ich führte mit Gisi gerade ein Gespräch, da lief der Herbert Menzel an uns vorbei, Richtung Klo! Da unterbricht Gisi unsere laufende Unterhaltung und begann ein sogenanntes **niederrheinisches Randgespräch:**

„Hömma, hasse gehört!"

So fangen die meisten niederrheinischen Randgespräche an. Also hören heißt auf lateinisch audite. Hörsse nicht heißt non audies und hör mal, hast du gehört, ist bereits gesteigert, also hör mal besser doppelt hin, eben auf Niederrömisch:

Hömma, hasse gehört!

„Dat ist der Herbert Menzel. Ganz tragisch, Steffen. Ganz tragisch! Er hat seine Frau mit Haus und zwei Kindern nach 30 Jahren Ehe sitzen gelassen! Plötzlich schwul!

Ganz tragisch! Er ist Steward, musse wissen, und hat den Neuen auf dem Flug Weeze nach Mallorca kennengelernt!

Um es mit Parship auszdrücken: Saftstupse traf Maschinenbau-Ingenieur! Tragisch!

Für die Hinterbliebenen wird schon im Kindergarten gesammelt, also für Frau und die Kinder!"

Mitten im Gespräch erzählt Gisi mir plötzlich das halbe Leben von Herbert Menzel, so als 30-Sekunden-Randgespräch. Am Rande, nebenbei, seitlich der Peripherie oder abseits des Kerns. Niederrheinisches Randgespräch eben!

Also Vorsicht, liebe Querdenker, ich würde mir schwer überlegen, ob ich in niederrheinischen Kneipen noch auf Toilette gehe! Lieber sitzen bleiben! Ausharren, wegducken, Nest hocken!

Oder letzte Woche in Moers, ich war am „Pissoir", das ist Französisch und heißt „Pinkelbecken", neben mir stand noch einer und hinter uns huschte im Augenwinkel eine Person vorbei. Sagte der neben mir: „Dat war der Peter Brommer, **gaaanz schlimme Gürtelrose** hat der gehabt, der is froh, dat der noch am Leben is! Aber wegen der Gürtelrose guckt der nicht so brummig, der guckt immer so, das hat man manchmal, nicht wahr, dass Leute einfach ,naturbrummig' sind!"

Ich sag: „**Wer sind Sie überhaupt?**", geh wieder ins Lokal, saß der Peter Brommer an der Theke, den ich nicht persönlich kenne und ich sagte im Vorbeigehen: „Gute Besserung!", und er sagt wie ganz selbstverständlich: **„Daaanke!"**

Dat is Niederrhein! Und genau dat sind niederrheinische Randgespräche, liebe Querdenker, wie sie leben und leiden, oder leben und leiben!

Nee, aber die Gisi kann auch total ernst! Total nachdenklich! Dann merkt man auch, wie weise sie im Kern sein kann, wie frisch ihre Seele aufblüht und was für ein schönes Gemüt in Wahrheit in ihr steckt. In ihr steckt quasi ein gesunder Kern, oder die skurrile Fassade hat einen liebevollen Kern, einen weichen Kern in bunter Schale und des Pudels Kern ist irgendwo vergraben.

So in der Art, irgendwie!

Gisi verfällt dann plötzlich, so von jetzt auf gleich, in eine Art niederrheinische Poesie:

„Also ich glaube, wir sind nicht mehr frei, deshalb fühlen wir uns so verloren, so abgehängt, kriegen keine Luft. Freiheit, das ist so ein Wort. Sind wir Deutschen noch frei, bin ich noch frei? Können wir noch frei entscheiden, oder handeln wir noch frei? Äußern wir noch unsere Meinung? Gehen wir noch unseren Weg oder den der anderen? Folgen wir dem Trend oder unseren Bedürfnissen?

Verstehsse Steffen, welche Freiheit ich meine? Nicht die Freiheit, in Frieden zu leben, oder dass unsere Existenz gesichert ist, das ist für viele **schon selbstverständlich**, nein, ich meine die wirkliche Freiheit, die andere Freiheit!

Verstehsse Kersken?"

„Nee, noch nicht!"

„Freisein, Freiberuf, Freikauf, Freiland, Freihand, Freidenker, Freifahrt, Freiwurf, überall diese Freiheit, wohin man auch guckt, begegnet einem die Freiheit.

Meinungsfreiheit, freier Wille, Freiwähler, Freischlag, Freistelle, freizügig, frei geboren, so viel frei, frei, frei, aber sind wir wirklich frei?

Frei im Handeln, frei in den Entscheidungen, frei, den Weg zu wählen, frei in der Sprache? Diese Freiheit meine ich, diese Freiheit! Wo ist sie in all dem Frei?

Freigiebig, freikämpfen, Freilassing, Freigewerbe, Freihandel, freikaufen, Freilassung, Freiheit, Freiheit, Freiheit, überall und ‚nöcher' die Freiheit: Es lebe die Freiheit, ein Prost auf die Freiheit. **Prost, du Freiheit!**

Freiübung, freizügig, Freiluftkino, Freizeitpark, ach wie frei wir sind! Freinehmen, Freischläfer, Freigabetermin, freigeschaltet, Freilichtbühne, Freiheitskrieg, freigeschwommen, freiverkäuflich, Freikarteninhaber, Freizeitausgleich ... werte Dame, **ich bin so frei!**

Freiheit. Die Freiheit. Unsere Freiheit. **Gott sind wir frei!**

Freilich kaum zu glauben!

Aber wo ist die Freiheit in Syrien, im Irak, in Israel und Palästina, wo ist die Freiheit versteckt, also unsere besagte Freiheit? Hier bei uns soll sie sein, ich bin so frei. Aber siehst du sie, Steffen? Spürst du sie? Wo ist die Freiheit, die diese Syrier, Afghanen, Afrikaner und wie sie alle heißen, zu uns führt? Wo ist diese Freiheit, die ich meine? Spürst du diese Freiheit?

Nicht die Freiheit, sondern die andere Freiheit, wonach wir uns insgeheim alle nach sehnen, **trotz dieser täglichen Freiheit und dem vielen frei sein**! Freistaat, Freitag, Freigabe und freizügig!

Warum fühlen wir im Innern nicht diese Freiheit, wo sie doch überall bei uns rumliegt? Wieso spüre ich nichts, wenn da so viel Freiheit scheint? Freischein. Ich spüre Enge. Ich spüre Bedrücktheit. Misstrauen. Druck. Ich fühle mich ersetzbar.

Ich rede von Freiheit, nicht dieser Freiheit, sondern der anderen Freiheit, nach der wir uns eigentlich ein wenig sehnen: im Alltag, auf der Arbeit, im Verein, beim Händeschütteln, beim Leben, beim Lieben und beim Starksein. Mal verzeihen können, mal schwach sein dürfen, mal nicht jede Entwicklung mitgehen zu müssen, nicht immer ansprechbar sein, maximal online, und ein Leben, als Problemlöser zu leben. Mal sieben gerade lassen. Keine 110 Prozent. Wenn du verstehst, was ich meine! Diese Freiheit meine ich, ja, diese Freiheit meine ich! Vielleicht diese Freiheit, die Flüchtlinge gar nicht bei uns suchen.

Wenn du verstehst, was ich meine, und von welcher Freiheit ich eigentlich spreche ..."

Foto: Petra Klein – Ich bin so frei

Bilder: Renate Squarr

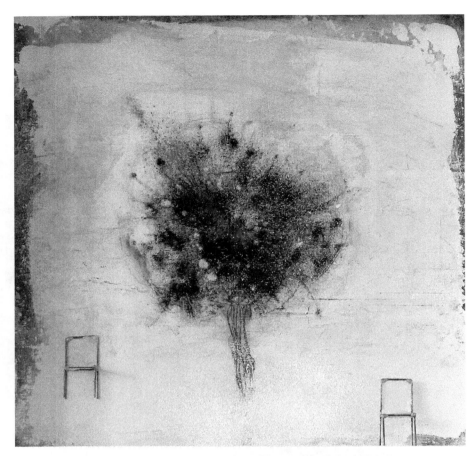

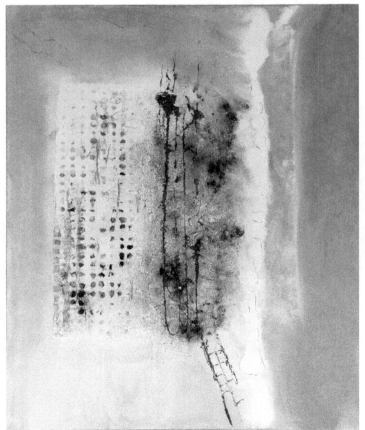

Bilder: Marlies Meier-Freuken
Mal mal im Pott e.V.#

Tagesmenü

Was waren das für Zeiten
Als die Menschen noch spürten
Dass sie leben
Aber liebes Leben
Deine Zeit ist abgelaufen
Du warst nicht mehr modern genug
Du stehst jetzt auf einer Karte
Als Menü kann man dich
Blitzsauber
Als Ganzes nun genießen
An einem Tag
Und ganz bequem
Entsorgt man dich sehr angenehm

Jetzt sitzen die Menschen da
Und fressen deine Träume
Sie fressen lautlos und viel
Auch wenn sie schon längst
Satt und überfressen sind
Mit ihren Schokoladenfingern
Greifen sie nach den Sternen
Verschlingen deine Hoffnungen
Und die vielen schönen Worte

Als Vorspeise gibt es den
Willen zum Frieden
Und zur Gleichberechtigung
Garniert mit Essigsalat und
Kräuterquark
Das Hauptgericht mit feinstem Fisch
Es kommt nur das Beste an den Tisch
Soziale Gerechtigkeit mit Soße
Dazu den Glauben an Gott
Und die Menschlichkeit
Gematscht in süßem Kartoffelpüree

Das Dessert, oh ja
Darauf freuen sich die meisten
Herbei geschafft von noblen
Fernsehköchen
Die Gedanken an die Liebe

Und die Treue
Getränkt in lauwarmer
Vanillesoße
Oben drauf die Preiselbeeren
Mit einer Kugel Schokoeis
Ja, alles hat seinen Preis

So endet nun dein Dasein
Als Tagesmenü
An irgendeinem Abend
In irgendeinem Magen
Ein nobles Gericht
Auf das die Reichen sehr erpicht
Aber liebes Leben
Du musst das verstehen
Du warst nicht mehr modern genug
Du stehst jetzt auf einer Karte
Als Menü kann man dich
Blitzsauber
Als Ganzes nun genießen
An einem Tag
Und ganz bequem
Entsorgt man dich sehr angenehm
Sehr angenehm und auf Wiedersehen!

Foto: Petra Klein – Kopfweide in Friemersheim

Ich war neulich auf der Nikolausfeier vom 'Tennisclub Grün-Weiß' in Moers eingeladen und Sie glauben es nicht, selbst bei offiziellen Feiern liebt es der Niederrheiner zu streiten, da werden Konflikte gelebt und niederrheinisch zelebriert, aber nur belangloses Zeug, als wäre der Niederrhein der Nabel der Welt oder das Tor zu den sieben Weltwundern! **Er spielt gerne das unwichtige hoch, um vom wichtigen abzulenken!** Nicht dass die Welt mit ihren großen Problemen verändert werden müsste, nein, da wurde diskutiert, wo Neukirchen-Vluyn anfängt und wo Moers aufhört. Und das stundenlang und immer wieder von vorne, weil irgendeiner wieder ein neues Argument einwarf, denn jeder von den Köppen weiß als einziger, wo Neukirchen-Vluyn anfängt und wo Moers aufhört. Keiner weiß dat wirklich ganz genau, aber bei dem bisschen, wat sie wissen, da sind sie sich zu hundertzehn Prozent sicher, dass das richtig sein muss!

Jetzt saßen die Köppe alle an einer langen Festtafel, jeder hatte so einen Schokoladen-Weihnachtsmann vor sich stehen, und das niederrheinische Streitgespräch lief psychologisch betrachtet, wie immer, in diesem Schema ab:

„Hasse gehört, wat der Holger vorhin mit Neukirchen-Vluyn gesagt hat und wie der dat gesagt hat? Ich hab dem darauf gesacht, dat du gesacht hast, und nicht dat ich dat gesacht habe, außerdem finde ich nicht gut, dat du dat so gesacht hast mit Neukirchen-Vluyn!"

„Wieso ich denn? Du hast doch gesacht, dat ich dat gesacht habe, dabei hab ich dat doch gar nicht gesacht, denn der Holger hat gesacht, dat du dat gesacht hast, aber ich, ich hab dat doch nicht gesacht, wat der Holger gesacht hat, aber ich finde dat jetzt gerade nicht gut, dat du dat jetzt auch gesacht hast, ich hätte dat gesacht, und nicht der Holger hätte das mit Neukirchen-Vluyn gesacht!"

„Dat finde ich aber auch nicht gut, dat du dat jetzt so mir nichts, dir nichts sachst!"

„Ich kann doch nichts dafür, wat der Holger mit Neukirchen-Vluyn sacht, aber dafür sach ich jetzt einfach gar nix mehr!"

„Und ich erst recht nicht!"

Und dann wird erst mal stur geschwiegen.

„Der Niederrheiner" steht im Duden neben Stur!

Der erste Vorsitzende vom Tennisclub Moers hat 35 Jahre im Moerser Bauamt gearbeitet, ist dann nachts um eins noch mit dem Taxi nach Hause nach Asberg gefahren und hat die vom Bürgermeister beglaubigte Urkunde von Neukirchen-Vluyn ins Clubhaus mitgebracht. So stur waren die Köppe! Die Streithähne konnten ganz genau auf der Karte vom Bauamt sehen, wo Neukirchen-Vluyn aufhört und Moers anfängt, und das von oberster Stelle! Sie war hoch offiziell vom Bürgermeister beglaubigt, persönlicher geht es gar nicht mehr, aber da schob der Herbert Menzel, der für die Kinder eben noch den Nikolaus spielte und noch im Nikolaus-Kostüm an der Festtafel saß, ja, der hatte vor lauter Streiten keine Zeit sich umzuziehen, er schob die Urkunde mit der Hand beiseite, so zwischen Korn und Pils, und sagte: „Dat is Ansichtssache!"

Da ging dat ganze Spiel von vorne los. Einfach von vorne los, dat muss man sich mal vorstellen!

Aber so stur wie der Horst Kowalewski aus Rumeln-Kaldenhausen, dat ist kein anderer: **wenn** der Kowalewski in den Rhein fällt, dann schwimmt er, um sich zu retten, trotzdem Strom **aufwärts, nur aus niederrheinischer Sturheit!** Ehrlich wahr!

Der Willi Lipgens und sein Kollege Walter Fuhrstedt, die waren auch son Kaliber, eigentlich haben sich die Querköppe geliebt, eigentlich, aber gleichzeitig den ganzen Tag gestritten! Da wollte keiner der beiden nachgeben, immer gib ihm!

Wie Pitsch und Patsch, Ernie und Bert oder Siegfried und Roy, nur niederrheinisch verpfuscht.

Wenn der Willi sich einen neuen Gürtel gekauft hat, dann sagte der Walter:

„Wieso kaufst du Dir einen neuen Gürtel, du hast doch einen?"

„Dat is doch wohl meine Sache, wenn ich nen neuen Gürtel kaufe, oder nicht?"

„Versteh ich nicht", sagte der Walter dann immer, „man kann doch auch nur eine Hose tragen, wieso brauchst du zwei Gürtel**?"**

Immer gib ihm, Hauptsache kontra, aber beide total verliebt ineinander, also freundschaftlich unzertrennlich. Wie Minus- und Pluspol, aber genauso linke und rechte Hoden, hart, aber herzlich. Das Leben ist einfach zu kurz, um auf den anderen böse zu sein!

Oder Gertrud Puschinski, die verbale Stechrose im niederrheinischen Frühlingsgarten!

Sie sagte immer:

„Du wolltest es mir ja nicht glauben!"

Aber in was für einen Ton, so von oben herab, von ganz oben. Da kriegt man direkt Puls, wenn man das hört!

„Du wollst et mir ja nich glauben!", das ist ein Anklagesatz, so steht es im Duden. Egal was du machst, der Niederrheiner wußte es besser!

Er ist immer beschäftigt mit dir, und zwar im Sinne der Anklage.

Der Herbert Knaup aus Willich, der hat es immer mit den Ohren gehabt, war aber zu stur, um zum Ohrenarzt zu gehen. Man könnte sagen, **er hatte die niederrheinische Taubheit: nur das zu hören, was man hören möchte!**

Der Herbert sagte immer:

„Ja, hab ich doch gesagt!"

Ein Beispiel:

„Wer A sagt muss auch B vertragen."

„Herbert, et heißt, wer A sagt, muss auch B sagen!"

„Ja, hab ich doch gesagt!"

Oder: **„Ja nee, da hast du recht!"**

Diese Aussage ist die weltberühmte niederrheinische Negation!

Er gibt zu, das du unausweichlich recht hast: „Ja, da hast du recht!"

Aber durch das Wörtchen **'nee'**, das sein Empfänger kaum bemerkt, sagt er dir versteckt:

„Du hast zwar recht, aber meine Meinung finde ich einfach besser!"

Der Duden bezeichnet die niederrheinische Negation, als bejahende Negation: ja stimmt, aber dann doch nicht!

Der typische Nörgler-Niederrheiner, ein weiteres kommunikatives Phänomen des Niederrheins, benutzt grammatikalisch noch viel schlimmere Sachen, zum Beispiel die doppelte niederrheinische Verneinung:

„Das macht kein Mensch nicht!" oder „Ich sehe hier nirgendwo kein Haus!", wieder doppelt genörgelt!

Oder die dreifache niederrheinische Verneinung:

„Hat keiner keine gescheitere Idee **nicht** parat?"

Ich wiederhole zum Verständnis und zur spontanen Erleuchtung den Satz nochmal: „Hat keiner keine gescheitere Idee nicht parat?"

Da wird dir dreifach gesagt, **wat für ein Brett du vorm Kopp hast!**

Unsere 'Omma Niederrhein' war noch schlimmer, sie kam mit der vierfachen Verneinung um die Ecke:

„Bei mir hat noch niemand, niemals nie, keinen Hunger nicht leiden müssen!"

Liebe Freidenker, eigentlich ist es doch schön, das der Niederrheiner diese Eigenheiten besitzt! Ich finde, wir passen uns sowieso schon zu sehr an, laufen mit oder halten aus. Ja, wir halten aus. Die Macken des Niederrheiners sind auch son Bisschen, wie eine kleine Revolution gegen die Normalität. Das Anderssein als Markenzeichen, als Besonderheit und Mut zur Lücke. Wir sollten öfters mal den Mut entwickeln, Dinge wieder anders zu machen oder auch mal Bedürfnisse zu äußern, die uns auf der Seele brennen:

Letztens, sagte mir die Brigitte Langerscheid bei Edeka in Vluyn, so zwischen Brot und Tupperware:

„Also Herr Kersken, ich finde dat ja total bekloppt, wie wir unsere eigenen Bedürfnisse hinten anstellen.

Unsereins wird doch gar nicht mehr gesehen, geschweige denn, wir können uns mal durchsetzen! Ich mag mich dadurch immer weniger oder schenke meinen Bedürfnissen beachtung. Hauptsache, wir machen et anderen recht. So is dat!

Ich verlieren mich richtig großen Welt! Die Welt und die Leute da draußen, die machen mir noch Angst. Traurig machen die mich, mit ihrem Gehabe da und ihrer Wichtigkeit.

Ich nehme die gar nicht mehr ernst, aber trotzdem kreisen meine Gedanken nur darum, wie ich alles richtig machen kann oder das ich bloß nichts falsch mache!

Dat is doch kein Leben!

Ich bin dann immer total platt, falle in ein Loch, bin so träge, müsch und hilflos, fühle mich so ausgeliefert oder wertlos.

Ich trete auf der Stelle, bin im Wartemodus, weil ich hoffe, das sich etwas ändert oder sich die anderen ändern. Aber nix passiert, alle machen so weiter, sind im Flow.

Fürchterlich! Tunnelblick. Elefantenwanderung! Alles platt machen, was nicht mitzieht.

Ich hab dat Gefühl, da auch nix gegen machen zu können. Ich bin außen vor. Da ist die Welt und hier bin ich.

Herr Kersken, da hab ich solange drüber gegrübelt, bis mir schwindelig wurde.

Am Ende habe ich mir gedacht, wenn ich andere nicht ändern kann, dann muss ich mich irgendwie ändern. Denn Dinge und andere Menschen lassen sich nicht immer ändern!

Dat is ne Wahrheit, die gab es schon immer. Wie der Rhein, der schon vor uns da war!

Da ist quasi ein richtiges Gedankenspiel draus geworden und ich habe mir abgewöhnt, mir zu sehr zu Herzen zu nehmen, was andere über mich denken.
Wie letztens im Gespräch, da hab ich noch so gedacht,
wat der jetzt über mich denken mag?
Kennen Sie dat?
Da willste wat sagen, aber halt!
Wat würde der dann über mich denken,
wenn ich dat jetzt sach,
wat ich eigentlich sagen möchte
oder wenn ich plötzlich mal Nein sage?
Kennen Sie dat?
Also lieber nix sagen.
Dann denkt der sich ja auch nix,
wenn ich nämlich nix sage!
So denke ich dann wieder.

Aber eigentlich is dat doch Quatsch, einfach nix zu sagen!
Denn, et is doch egal, wat ich denke,
wat der über mich denkt, wenn ich sage, wat ich denke!
Und is auch egal, wat der denkt, wenn ich sage, wat ich denke oder sagen möchte,
denn et is nur wichtig, wat ich sage und denke, und nicht,
wat ich nicht sage, weil ich denke:
wat denkt der jetzt von mir, wenn ich dat sage?
Aber gestern, Herr Kersken, gelang mir dat wieder nicht, zu sagen,
wat ich denke.
Ich denke quasi immer nur an andere.
Kennen Sie dat?

Fotos: Gabi Weber

Die Moerser-Alkologik

Seitdem meine Bücher in der Zeitung stehe, werde ich seit neuestem auf Empfängen eingeladen!

Ich kann Ihnen sagen, liebe Querdenker, unsereins ist eher einfach gestrickt, ich bin Normalo, Durchschnittsniederrheiner oder Allerweltssocke, und Empfänge sind eine völlig neue Welt für mich. Ich trage sonst nur Krawatte auf Beerdigungen, aber auf so einem Empfang muss man sogar Anzug tragen. Und das auch noch mit Krawatte!

Da prallen Welten aufeinander.

Ich bin da so wie Oppa Heinrich, der machte sich gar nix aus Empfängen oder Einladungen. Selbst zu Geburtstags-Feiern, da musste man ihn hin prügeln!

Also Oppa Heinrich und offizielle Anlässe, dat war wie Feuer und Wasser, Tag und Nacht und die beiden trennten Welten, nicht wahr.

Oppa Heinrich war Mauer und baute mit seinen eigenen Händen und sein Leben lang Häuser, bis zum Schluß, bis zu seinem letzten Tag.

Er baute große Häuser, kleine Häuser, mittlerere Häuser, Einfamilien-Häuser, Villen und sogar Kackhäuschen.

Er baute den ganzen Tag und den ganzen Niederrhein entlang.

Alles mit seinen Händen und großem Gemüt.

Mit seiner großen Seele und dem Willen, etwas für andere zu tun.

Erst neulich dachte ich noch, wie selten Menschen noch etwas für andere tun, und das in dieser Selbstverständlichkeit!

Sie glauben gar nicht, liebe Freigeister, wie oft Oppa Heinrich deswegen eingeladen wurde, wegen seiner Seele, seinen Händen und diese Selbstverständlichkeit, für andere dazusein.

Etwas für andere zu bauen.

Aber Oppa Heinreich ging nie hin.

Er saß lieber auf dem Sofa, genoss die Stille und blickte auf den Oestrumer Kirchturm.

So war er eben. Er ließ sich auch nicht verbiegen.

Empfänge und Einladungen waren ihm ein Greul.

Nee, aber man trifft interessante Leute, teils ziemlich durchgedreht, etwas besonders oder zuweilen absonderlich, aber ziemlich interessante Leute!

Und auf so einem absonderlichen Empfang, hat mir neulich ein hiesiger NRW-Politiker einen Satz gesagt, über den ich lange nachdenken musste. Er sprach mich zwischen Kalbscapaccio und Garnelen-Knoblauch-Ring, so von der Seite an.

Das passiert mir öfter, das ich irgendwo von der Seite angesprochen werde, jetzt nicht nur auf Empfängen, auch im Supermarkt in Rumeln-Kaldenhausen.

Er sagte:

„In unserer Gesellschaft versuchen wir

Verständnis aufzubringen, aber wirkliche Akzeptanz fürs Anderssein zeigen wir selten und es fällt uns schwer, andere in ihrem Anderssein auch noch zu unterstützen.

Kein Wunder, dass die Gräben zwischen den verschiedenen Menschen

immer größer werden, Mauern und Grenzen gebaut werden,

stattdessen wir Türen endlich öffnen.
Ich meine damit auch die inneren Mauern und Grenzen.
Eine Gesellschaft kann nur von der Verschiedenheit der einzelnen
Menschen profitieren. Jeder Einzelne kann nur lernen
und sich persönlich weiterentwickeln, wenn er nicht jeden Tag den gleichen
Menschen begegnet!"

Jeder Einzelne kann nur lernen und sich persönlich weiterentwickeln, wenn er nicht jeden Tag den gleichen Menschen begegnet.

Ein toller Satz, weil er nicht wirtschaftlich gedacht ist, sondern für menschliche Bedürfnisse steht.

Es geht da ein wenig um Verständnis und Akzeptanz in unserer Gesellschaft oder einfach gesagt, wie wir miteinander umgehen und ob wir in der Lage sind, Empathie und Verständnis zu entwickeln.

Der Uwe von der Galerie Schmitz in Moers hat mir das mal mit dem Verständnis und der Akzeptanz in seiner niederrheinischen Art hervorragend vor Augen geführt, das passiert hin und wieder mal, wenn man einen Niederrheiner trifft, dass einem etwas plötzlich durch seine niederrheinische Art vor Augen geführt wird.

Es taucht da etwas aus dem Nebel der Rheinwiese mitten in dein Bewusstsein ein, das niederrheinische Über-ich übernimmt quasi die Kontrolle über deinen Geist!

Der Schmitz hatte diese gewisse niederrheinische Art an sich und sprach auch nicht in Sätzen, sondern in Anekdoten. Er folgte auch nicht dem Algorithmus des Lebens, sondern der Alkologik seiner Gäste: Im Vollrausch entwickelten sie Thesen und Theorien, die am nächsten Tag so peinlich waren, dass sie sich an nichts mehr erinnern konnten!

Das ist die Alkologik, nicht wahr.

In Moers saß ich also beim Uwe auf seinem Barhocker, ich weiß noch genau, es war ein Samstag und am Fieseln.

„Steffen, darf ich dir einen Weißwein bringen?" „Nein danke, ich hab Wasser!"

„Den Wein ohne Wasser oder Schorle?"

„Nein, ich sag doch: 'Ich habe Wasser', danke!"

„Nein mit Eis oder Nein mit Wasser?"

„Kein Wasser, den Wein nur mit Eis, ach, bring mir einfach den Weißwein ohne alles mit!", und sehen Sie, das ist die besagte Alkologik!

In diesem Falle die Moerserische Alkologik, eine ganz fiese Erkrankung! Fies!

Uwe habe jetzt die „Chef-ist-weg-Party" eingeführt, so erzählte er mir nippend am Ramazzotti, seine Gäste könnten ihn jetzt alle mal kreuzweise an der Futt lecken, es würde ihn jetzt alles nicht mehr jucken. Uwe sagte ganz klar, es wäre hier in seinem Laden nicht mehr auszuhalten gewesen, wegen dem fehlenden Verständnis der Menschen füreinander, also das mangelnde Verständnis seiner Gäste, auch Gäste sind ja Menschen, das betonte Uwe noch: Gäste sind auch Menschen und das hätte ihn ganz meschugge gemacht, dass hier alle nur über alles und die Welt gemoppert hätten, aber immer bestimmte Gruppen, die zusammen über andere Gruppen, also Menschen oder Gäste über andere Menschen oder Gäste ihr fehlendes Verständnis ausgedrückt hätten. Jeder hätte über jeden und andersherum gemoppert. „Ganz schlimm!", sagte er mir, während er am Ramazotti nippte:

„Der Optiker moppert zusammen mit dem Optiker über den Frauenarzt, der Frauenarzt nörgelt mit dem Frauenarzt über den Internisten, der Klavierstimmer mit dem Klavierstimmer über den Schaufenstergestalter, der chinesische Glücks-Keks-Schreiber mit dem chinesischen Glücks-Keks-Schreiber über den Aufzugswärter und die Hundefutter-Tester mosern gemeinsam über die Golfball-Taucher und so weiter und so weiter!

Und Steffen, ich kann die Uhr danach stellen und genau sagen, wer von diesen Nörglern heute kommt:

Montags kommen *die Rationalisten* zu mir, die mit ihrem Rationalismus alles rationalisieren, das Schöne unschön denken, das Spannende langweilig reden und die Welt so sehen, wie sie sie immer schon gesehen haben und sehen wollten.

Dienstags kommen *die Perfektionisten*, die mit ihrem Perfektionismus und hohen Erwartungshaltungen alles nur noch schlimmer machen. Mit Siebenmeilenstiefeln laufen sie mir durch den Laden und streben, gewinnen, fordern, konstruieren, sinnen, beabsichtigen, zielen und legen es drauf an, nur um bis nächsten Dienstag wieder sechsmal an ihren eigenen Erwartungen gescheitert zu sein!

Mittwochs kommen *die Narzissten*, die sich selbst und gegenseitig lieben und verehren, sich adeln und vergöttern. Sie reden aber gleichzeitig die Welt schlecht, quengeln, nörgeln, maulen, meckern, entwerten und murren vor sich hin, wie schlimm doch alles ist, und keiner kann etwas dagegen tun, keiner sagt was dazu, niemand erhebt sich, steht diesen armen, benachteiligten Menschen bei oder hilft diesen unterdrückten, geknebelten Seelen! Sie richten und verurteilen, sie urteilen ab und bringen in Ordnung, sie sprechen Recht und bessern aus. Reparieren, kitten, beheben, stellen wieder her, schustern und setzen instand.

Ja, das können sie! Sie können überhaupt alles, aber schlecht geht es ihnen beim Alleskönnen, so schlecht und so benachteiligt sind diese armen Seelen! Und wie schlecht meine Käsehappen doch immer wieder schmecken, wie fade, wie dröge, aber trotzdem kommen sie mittwochs wieder und bestellen meine schlechten Käsehappen, ja sogar die schlechtesten Käsehappen von ganz Moers!

Donnerstags kommen *die Kapitalisten*, die Unternehmer und Kapitalisierer, die aus jedem und jeder Kapital schlagen. Es ist jemand gut, wenn er Kapital bringt, wer kein Kapital mitbringt, der soll da bleiben, wo er ist, da wird die Menschlichkeit hochgerechnet und aufgerechnet. Es gibt Menschen, die rechnen den ganzen Tag, rechnen und verrechnen sich, dann wird wieder neu gerechnet, nur um sich irgendwann erneut zu verrechnen, sie werfen mit Zahlen um sich, denken logisch, weil das Leben eigentlich nur Mathematik ist. Einige Menschen folgen sogar dem Rat der Sparkasse und sparen sich zu Tode!

Das Leben ist eine einzige Rechnung:

Eine Abrechnung mit Asylbewerbern, eine Liquidation mit dem Mittelstand, eine Bilanz zu den Flüchtlingen, eine Quittung für die Träumer, eine Kalkulation für soziale Gerechtigkeit, eine Faktura für die Nächstenliebe und eine Soll-Rechnung für das Leben. Das Leben als Kosten-Nutzen-Analyse. Ich nenne das Insolvenz der Gefühle!

Freitags kommen *die Sozialisten*, die mit ihrem Liberalismus und Konservatismus die Wände zum wackeln bringen! Hier sind schon ganze Bilder von der Wand gefallen, vor lauter Gerechtigkeit und Gleichheit, vor lauter Brüderlichkeit und Verbrüderungen, vor lauter Einigkeit und Demokratie. Einen Ramazzotti auf die Anarchie, einen Ouzo auf den Realsozialismus und Frikos für die Linken und Erdnüsse dem nationalen Sozialismus! Freiheit, Autonomie, Unabhängigkeit, Eigenständigkeit, Selbstbestimmung und Gleichberechtigung! Die Wände wackeln: soziale Revolution!

Ich könnte kotzen!", schrie Uwe, während er seinen Ramazzotti schlürfte, bis sich seine niederrheinische Miene verdunkelte, ja, auch das konnte er: Da war diese ernste Miene, wenn er dieses zerdachte Gesicht zeigte.

„Sie sitzen hier und schwätzen, trinken Wein und essen Käsehäppchen, während auf der Welt und um uns herum irgendein Kapitalist, der sich so nennt, aber gar nicht weiß, ob er wirklich einer ist, einen anderen Menschen tötet, auf Verdacht, weil dieser andere kein Kapitalist ist. Oder ein anderer Mensch tötet jemanden anderen, weil er denkt, er sei ein Kapitalist, so töten die Christen die Moslems und die Moslems die Christen, es töten die Demokraten die Diktatoren, die Schiiten die Sunniten, die Juden die Palästinenser und die Palästinenser wiederum die Juden, wegen der Gerechtigkeit oder wegen der Freiheit, wegen dem Anarchismus, wegen dem Kapital, wegen der Quittung, wegen dem Rationalismus, wegen dem Narzissmus, dem Rechtsprechen, dem Richten, dem Reparieren und wegen dem Urteil! Wegen dem Urteil! Immer ein Urteil über den anderen. So etwas passiert auf der Welt, während sie hier sitzen und meine Käsehappen wegfressen, die ihnen gar nicht munden. Sie munden nicht, nicht wahr! Montags bis freitags Käsehappen und fehlendes Verständnis füreinander.

Aber wenn sie hier alleine sitzen, also der Optiker ohne dem Optiker, der Arzt ohne den Arzt, der Glücks-Keks-Schreiber ohne den Glücks-Keks-Schreiber, dann verdunkelt sich ihr Blick. Sie sitzen still auf dem Barhocker, den Blick in die Ferne schweifend, und da erkenne ich es dann, da kann ich es dann tatsächlich sehen:

Diese Unzufriedenheit, diese Ziellosigkeit in den Blicken der Menschen. Die eigenen Werte und Hoffnungen sind leer gedacht, zerredet, vermoppert, an anderen Menschen ausgelassen. So sitzen sie dann still auf meinem Barhocker, blicken in die Ferne, sind auf der Suche, obwohl da ja nur die Wand mit den Rahmenmustern ist.

Manchmal dreht sich ein Barhocker auch um sich selbst, das nennt man dann Perspektiv-Wechsel. Sie finden hier aber nur etwas Krimskrams, Kleinigkeiten, Zeugs, betäubenden Wein und Käsehappen.

Hier bei mir finden diese Zeitgenossen nicht ihr Selbst, eine höhere Antwort, und es kommt auch keine Erkenntnis von oben auf sie herabgefallen.

Nein, sie finden nur wieder ihresgleichen, welche auch die Wand mit den Rahmenmustern anstarren, wenn sie alleine dasitzen, für sich sind und in die Ferne blicken, sich leer denken und abmoppern. Der Optiker mit dem Optiker über die Krankenschwester, der Christ mit dem Christ über den Moslem.

Am Montag gehen sie dann wieder arbeiten, machen mit, ordnen sich ein, leben sich leer, damit sie bei mir wieder in die Ferne schauen können und abmoppern dürfen. Käsehappen und betörender Wein.

Alkologik! Siehst du, Steffen, das ist die Alkologik! Da hast du noch was gelernt, jetzt trinken wir erst mal einen Ramazzotti!", und er schenkte mir ein.

„Und ich bin der Wirt des Ganzen hier! Der Clown, der Hofnarr, der Dummkopf, der Affe, die lustige Person, Jester`s tears, um es mit Marillion auszudrücken: A misplaced childhood. Der Schelm, der Harlekin, ein Komödiant und Spaßmacher. Ich soll das immer ertragen, zuhören und bedienen, mittragen und dahinterkommen, kapieren und absegnen, mitfühlen und Verständnis zeigen. Verständnis und Akzeptanz. Von montags bis freitags. Aber da mache ich nicht mehr mit! Ich bin kein Rädchen mehr, ihr könnt mich mal, mich gerne haben, im Mondschein besuchen kommen und den Buckel herunterrutschen! Ich gehe jetzt einfach und lasse euch mit euren Ansichten allein, mit eurer Ziellosigkeit, mit euren leer gedachten Werten und dem leer gelebten Leben!"

So trank er seinen Ramazzotti aus, knallte das Glas auf den Tisch und ging in die Nacht hinaus.

Alkologik! Er ließ mich auf meinem Barhocker sitzen, ich weiß es noch, es war an einem Samstag und es fieselte.

Im Schankraum drinnen sammelten sich die Kapitalisten, die Sozialisten, die Narzissten und die Perfektionisten, sie wurden ganz nervös, ja wo ist denn gefälligst der Clown, der Hofnarr, der Jester`s tear, der Lustige mit den Tränen, der das Ganze hier wieder trennt und für Ordnung sorgt in dieser Unordnung und in diesem Beisammensein. Das geht doch nicht, dass der Kapitalist mit dem Sozialisten spricht oder ausgerechnet mit denen über die Narzissten moppern muss. Jeder ihresgleichen bitteschön, schon alleine für sich und jeder für sich, wegen dem leer gelebten Leben. „Da schmeckt mir dat Bier doch gar nicht mehr, wenn ich neben dem Rationalisten stehe!", „Also so etwas von dir, Uwe, das hätte ich niemals gedacht, also wirklich, setzt mich mit den Christen und Moslems an einen Tisch, wie kann dat denn?", „Dieses anarchische Sozialisten-Pack lässt du hier rein, also da wird ja der Wein sauer!"

Aber Uwe kam nicht mehr. Er verließ als Rädchen die Maschine. „Ihr könnt mich mal!", „Ich entscheide doch, wen ich hier reinlasse und wen nicht oder wer an welchem Tisch mit wem sitzt! Der Christ ist zwar ein Christ, aber er ist auch mein Freund. Dieser Kapitalist ist zwar höchst seltsam, aber ich verstehe mich ansonsten gut mit ihm, also sage du mir doch nicht, mit wem ich mein Bier hier trinke. Das entscheide immer noch ich. Ich muss doch nicht dieselbe Ansicht haben wie dieser Sozialist, aber mir gefällt seine Höflichkeit und sein Humor, also lass mich doch mit mir selbst ausmachen, mit wem ich die Käsehappen esse!"

Und so entstand hin und wieder die „Chef-ist-weg-Party", wo Unordnung herrschte, der eine mit dem anderen reden musste und ihn ertragen durfte! Ein illustres Beisammensein. Beisammensein, Austausch, vielleicht kein Verständnis oder Akzeptanz, aber Beisammensein. Alkologik, Barhocker, in die Ferne sehen, Unzufriedenheit und Alkologik!

„Siehsse, Steffen!", sagte ich mir noch selbst, als ich den Barhocker verließ und in mein Taxi stieg. „Da hast du wieder was gelernt!"

Ein einfaches Danke

Liebe Oma und Opa!

Schön, dass ihr da seid.
Schön, dass ihr immer mit euren Händen da seid,
wenn Stärke, Rückhalt und Kraft gebraucht werden!
Schön, dass ihr mit euren Schultern da seid,
wenn es darum geht, Kummer zu ertragen.
Schön, dass ihr mit euren Füßen da seid
und weite Wege geht, wenn wir euch brauchen!
Schön, dass ihr mit euren Mündern da seid
und uns beratet, wenn es nötig ist.
Schön, dass ihr mit euren Ohren da seid
und uns zuhört, wenn wir Frust loslassen müssen.
Aber am meisten gefällt mir, dass ihr mit eurem Popo da seid,
denn immer, wenn es etwas zu feiern gibt, beweist ihr herausragendes Sitzfleisch!

Danke, dass ihr da seid und
frohe Weihnachten 2019!

Foto: Gabi Weber

Das Schöne

Ich saß letztens in der Kartoffelkiste in Duisburg, also da kann man wirklich lecker Himmel und Aed essen, dat können Sie mir glauben, liebe Freigeister!

Ich liebe traditionelles, niederrheinisches Essen, so mit Herz, Gefühl und Butter!

Also, für Himmel und Aed würde ich nachts aufstehen, das erzähl ich ja immer wieder! Für so 'ne gebratene Blutworst und Püree mit Apfel und Butter drüber, da steh ich nachts um eins auf und mach die Alarmanlage aus. Wirklich, für Himmel und Aed mach ich die Alarmanlage aus! Oder so'n Bockwürstchen im niederrheinischen Rockmantel, warum nicht. Lecker Bergkäse geht auch noch! Fisch, so lala. Nee, aber für Himmel und Aed, da steh ich für auf. Muss nicht jede Nacht sein, aber wenn wat über ist, dann schon.

Das hat was mit Genuss zu tun. Genussvoll leben heißt nicht unbedingt im Überfluss leben, sondern in Maßen genießen, gern dann auch um eins in der Nacht, is ja egal wann.

Ich blicke bei diesen neumodernen Ernährungsstilen auch gar nicht mehr durch:

Diese Veganer, Flexitarier, Frutarier, Vegetarier und Marsianer!

Wat die nicht im Kopp haben, haben die im Magen, ist doch wahr! Ich meine, da muss man ja zusehen, wo man heutzutage bleibt. Ich als Fleischesser bin jetzt Randgruppe!

Nee, also so Sachen lehne ich ja rundweg oder sozusagen schlankweg ab:

Avocado-Creme-Pastete an Möhrenstreifen mit pikantem Kürbis-Schaum-Mousse.

Wat soll dat?

Da kann man mich mit jagen, da kriege ich keinen Fuß in die Türe der modernen Küche. Isso!

Aber der Trend geht heutzutage zum Gesundleben, also zum Gesundheitswahn, nicht wahr!

Bei all dem Stress, den wir sowieso schon haben, dem Job-Wahn und der ganzen Schnelllebigkeit und neuen Medien nun auch noch täglich Astronautennahrung, na dann Prost! Fleisch reduziert, ja klar, es geht um Nachhaltigkeit und Tierschutz. Aber direkt von Schwarz nach Weiß umschwenken?

Kein Wunder, dass alle depressiv durch die Gegend laufen, wenn wir überhaupt nicht mehr leben, sondern nur noch Erbsen zählen oder nur existieren.

Auf was man heutzutage alles beim Essen achten muss, erstaunlich!

Jetzt habe ich gehört, dass Avocado zu essen ungesund sei, weil beim Aufschneiden der Schale Bakterien und Schadstoffe in das Fleisch geraten. Ein weiteres Avocadoproblem ist nun in England aufgetaucht: Die britische Gesellschaft für plastische, rekonstruktive und ästhetische Chirurgie befürwortet laut der Zeitung „The Times" einen Warnhinweis auf Avocados. Grund: Jede Woche müssen Ärzte sogenannte „Avocado-Hände" behandeln. Dabei hat sich der Patient beim Aufschneiden einer Avocado oder beim Versuch, den Kern einer Avocado zu entfernen, tief in die Hand geschnitten. Verrückt! Vielleicht sollten werdende Veganer wissen, wie gefährlich das wirklich sein kann!

Also ich steh für 'ne Bockwurst nachts auf, Isso! Das macht mich glücklich. Nicht gesund, aber glücklicher. Dat is doch wat, bei all dem Driss auf der Welt, oder nicht?

Überall Kriege, überall Stress, Neid, Mobbing, Ellenbogen raus und überall nur noch Motzer, Meckerer und lange Gesichter, die Pessimismus versprühen!

Ist doch wahr, man kann doch heutzutage nirgendwo mehr hingehen, selbst in den Kneipen sind alle Köppe sich am Beschweren über die Welt, den Nachbarn, die Flüchtlinge und über den Kumpel nebenan am Tisch. Nur Gemotze und Dauer-Genörgel!

Liebe Querdenker, uns geht es aber auch schlecht in Deutschland! Uns Deutschen geht es so schlecht, nicht wahr, schlechter kann es uns doch gar nicht mehr gehen!

Denken Sie mal in aller Stille darüber nach, wie schlecht es Ihnen geht ...

Mir ist jetzt auf einmal auch ganz schlecht, wenn ich so darüber nachdenke.

Wie letztens in der Kartoffel-Kiste, als die Gudrun Säftken durch die Tür kam, zu mir an den Tisch schlenderte und abrupt, quasi plötzlich, stehen blieb.

„Herr Kersken, wo ich Sie hier gerade sitzen sehe, da erzähl ich Ihnen mal eben kurz, wat ich erlebt habe, bzw. setz ich mich mal eben kurz zu Ihnen hin, ich bin ja nicht in Eile. Sagen Sie ruhig nichts, ich wollt nur kurz wat erzählen, wat mir auf dem Herzen liegt!

Eben kurz nur!", und schwupps, saß die Säftken bei mir am Tisch.

„Ich weiß nicht, ob Ihnen das auch so geht, Herr Kersken, wie gesagt, sagen Sie nichts, aber geht Ihnen das auch so, dass man überall nur noch meckernde Leute sieht?

Egal, wo man hingeht, überall wird gemoppert über Flüchtlinge, über die Politik schwadroniert, über die Nachbarin hergezogen und wie schlecht et uns doch geht, überall hört man nur noch, wie schlecht et uns doch geht und wie viel so'n Flüchtling stattdessen in den Popo geschoben bekommt!

Überall schräge Perspektiven, hitzige Ansichten, populäre Meinungen, überall Verschwörungen, auf der Toilette, im Verein, in der Kneipe und im Supermarkt! Überall Gemotze hoch zehn.

Da geht mir die Hutschnur, da platzt mir der Kragen, da kochen die Eier in der Pfanne, das sag ich Ihnen aber, Herr Kersken.

Sagen Sie nichts, aber ich sag ja, überall nur noch Schwarzmaler und permanent Pessimisten, da wird man ja kirre. Wie dieser Pit Mörder, von der Kanzlei Herrgott und Mörder, den hab ich eben getroffen. Der Mörder ist so ein Paradebeispiel für diese Motz-Generation: ein hochintelligenter Mensch, nicht wahr, aber nur am Schwarzmalen!

Egal, wo ich den Mörder treffe, immer ist der am Meckern, am Schreien, am Schlechtmachen, am Verfälschen und Manipulieren. Er ist so wat von schlau, immerhin Anwalt, aber ein Permanent-Nörgler, ein Vollzeit-Quengler, Allzeit-Drängler, ein Täglich-Mauler und Pausenlos-Schimpfer. Da wird man kirre, sag ich Ihnen, aber sagen Sie nichts, Herr Kersken. Ich wollte Ihnen dat nur mal kurz erzählen, wie dat mit dem Mörder ist, dieser Ewig-Murrer.

Wir neigen dazu alles zu zerstören,
schlecht zu reden, das Reine zu verfälschen,
Und geben dem Einfachen unkomplizierte Namen.

Wir versuchen zu erklären, zu verklären,
zu begreifen und einzuordnen,
dabei manipulieren wir die Schönheit des Lebens,
der Dinge.

Alles muss von uns einen Namen haben,
möglichst kompliziert, alles muss unseren Stempel tragen,

möglichst zu unserem Vorteil, bis wir alles kontrollieren,
abwerten oder zu unseren Gunsten drehen.

Wo ist das Schöne geblieben, die Einfachheit,
die Schönheit einer Blume, der Duft einer Brise,
der Sonnenaufgang über dem Kornfeld?
Wo ist die Einfachheit der Menschlichkeit,
des Miteinanders und Mitnehmens,
des Vergebens und der Akzeptanz?

Alles wird nur noch verdreht,
polarisiert und manipuliert,
erdichtet und getürkt.

Alles bekommt unseren Namen oder unsere Meinung aufgedrückt.
Wir geben den Dingen und Menschen unseren Stempel,
unsere Willkür, so von oben herab, im Mopperton.

Ich denke, also bin ich
Ich bin, also motze ich.

Aber das Leben könnte doch viel einfacher sein,
viel schöner, unberührter und ohne Namen,
aber wir geben den schönen Dingen einen komplizierten Namen,
eine Fälschung, eine Verpackung.
Und den Menschen und dem Einfachen
unseren Stempel.
Einen schwarzen Stempel.

Herr Kersken, sagen Sie nichts, ich sag ja, ich wollte nicht stören, nur eben kurz sagen, dass
mir die Hutschnur platzt, die Eier in der Pfanne kochen und mich der Esel im Galopp verloren
hat!"

Sympathie oder Liebe?

Sagte mir letztens die Frau Strüksgen,

So beim Vorbeigehen,

Mir voll ins Gesicht,

Mit einer gewaltigen Breitseite,

Eben auf Ihre Art:

„Wir brauchen wieder die Liebe, Herr Kersken!

Ich sag Ihnen dat jetzt mal fromm und frei, aus dem Bauch heraus, Ihnen ins Gesicht, frei Schnauze oder locker vom Hocker! Wir brauchen wieder mehr Liebe!

Der Mensch verwechselt Sympathie mit Liebe, wirklich, aber Sympathie und Liebe sind völlig verschieden, wie zwei paar Schuhe, wie Tag und Nacht.

Sympathie reicht aus, um unseren durchdachten Alltag zu leben, aber **Liebe** brauchen wir für weitaus mehr, nicht wahr. Isso!

Eine Hand zu halten, durch die wir selbst einmal verletzt wurden, das ist Liebe und nicht nur Sympathie.

Mit Sympathie halten wir den nörgelnden Chef aus, bleiben immer freundlich und bemüht, auch wenn der Kollege quengelt. Mit Sympathie sind wir Stress resistenter, gehen täglich ins Geschäft und ins Büro, wir halten durch, stehen im Wind, bleiben stark, helfen aus und murren nicht.

Sympathie hält uns irgendwie zusammen und am Leben. Überleben. Nicht untergehen.

Aber Liebe ist mehr.

In dieser Zeit brauchen wir vielleicht mehr Liebe und etwas weniger die Sympathie, bei all den Kriegen und Flüchtlingsströmen, bei den Pandemien, den Umwelt-Katastrophen und den unruhigen Zeiten. Die Welt wankt und bewegt sich.

Reicht da noch Sympathie oder brauchen wir mehr, als das?

Populistische Parteien machen uns Angst, drohen mit dem Niedergang des Abendlandes, warnen vor bösen Menschen aus fernen Ländern, und wir fallen drauf rein, wenn wir nur die Sympathie leben. So weiter machen, uns einreihen, aushalten oder existieren.

Wenn wir Mauern bauen und nicht zusammenhalten, als Menschheit.

Vielleicht reicht das dann nicht mehr?

Die Welt braucht womöglich mehr Liebe, um das Ganze auszuhalten.

Der Mensch braucht eventuell die Liebe.

Aber wissen wir noch, was Liebe ist?

Mit der Liebe können wir Verständnis entwickeln, lernen zu verzichten und anderen Menschen von unserem Wohlstand abzugeben. Hilfe leisten, aufzufangen, vergeben und nicht Mauern bauen. Mit Liebe können wir Krisen als Gemeinschaft durchschiffen.

Vielleicht ist die Zeit für Sympathie abgelaufen, das letzte Sandkorn gefallen.

Die Welt ist vielleicht mehr, als täglich auszuhalten, seine Interessen zu wahren und das Bankkonto zu füllen.

Das Leben ist eventuell mehr, als der Gang ins Büro.

Der Mensch ist vielleicht mehr, als Mauern zu bauen und eigennützig zu sein.

Dafür reicht Sympathie, ganz bestimmt, ganz sicher!

Sympathie reicht, um unser System, die ganzen Ungereimtheiten und Ungerechtigkeiten auszuhalten, schließlich geht es uns irgendwie gut. Also nicht so schlecht, wie es anderen geht. Noch.

Aber, was brauchen wir wirklich, in diesen Zeiten? Was brauchen wir, um diese Aufgaben bewältigen zu können?

Ich bin mir sicher, nein, eventuell ist es so, vielleicht, womöglich, ungewiss oder möglicherweise, brauchen wir die Liebe mehr denn je.

Ich sag Ihnen dat jetzt mal fromm und frei, aus dem Bauch heraus, Ihnen ins Gesicht, frei Schnauze oder locker vom Hocker!

Aber wissen wir überhaupt noch, was Liebe ausmacht?

Foto: Axel Akki Schepers

Die besten Weisheiten vom Niederrhein

„Der Niederrheiner kam, sah und verlor den roten Faden!"

Foto: Bernd Steckelbroeck

Die Führungskraft

Ein paar tausend Kilometer über dem Boden,
Städte und Dinge wirken klein, alles scheint im Stillstand,
keine Hektik mehr, keine Bewegung oder Stress.
Die Lichter am Grund wie Blitze und feine Nerven im Gehirn,
alles kommt zur Ruhe, bettet sich, steht im Moment.
Nur Udo Michalski haut sich den dritten Prosecco rein,
hier im Flieger zwischen Düsseldorf und Palma.

Bei Pils und Fingerfood merkt er an,
so nebenbei und doch mittendrin,
dass es zum Mäusemelken sei.
Er ist seit 25 Jahren Führungskraft,
immer adrett, immer mondän, die Krawatte sitzt,
der noble Anzug und im feinen Zwirn.
Doch, so sagt der Udo Michalski zu mir,
so nebenbei und doch mittendrin,
wäre es immer wieder ein dickes Ding,
es sei so eine Sache mit der Welt und den Dingen.
Es ist ihm wieder nicht gelungen, seinen Sohn zu umarmen,
es ist ihm wieder nicht gelungen, ihm zu sagen, was er fühlt,
wie sehr er ihn vermisst und wie sehr er das alles hasst,
diesen feinen Zwirn, die Krawatte und eben hier und morgen da.

Ich bin eine Führungskraft, merkt Udo Michalski an,
so nebenbei und doch mittendrin,
zwischen Underberg und Chardonnay,
über leuchtenden Städten die Lichter,
wie Nerven im Gehirn.
Ich schüttle Hände, treffe die Großen,
ich spreche gehaltvolle Worte, schließe die Verträge,
ich spiele mit Millionen und bin die Innovation,
ich trage Verantwortung und verändere die Welt,
ich treibe an und ich bin der Fortschritt,
ich stoße an, umarme die Mächtigen.
Bedeutungsvoll, hochtreibend, überragend.
Aber mein Sohn ist wieder allein.
Es ist mir nicht gelungen, ihn zu umarmen
oder zu sagen, was ich für ihn fühle.
Da ist nur noch die Krawatte und der Zwirn.

Das ist doch aberwitzig und grotesk,
so banal dumm und absurd,
paradox und widersinnig,
so unendlich beschränkt und sinnlos im Kern,
sagt Udo Michalski zu mir,
zwischen Ouzo und Erdnüsschen,
hier im Flieger Düsseldorf nach Palma.

25 Jahre Mannesmann, immer oben auf, immer an der Macht,
der feine Zwirn und die Krawatte.
Aber so weit weg von der Liebe.
Ist das nicht ein dickes Ding,
und zum auf die Bäume klettern?
Merkt Udo Michalski an,
so nebenbei und mittendrin.

Wir schütteln Hände und schließen Verträge,
während Indien unsere Hemden näht,
wir Reisen um die Welt, mal hier und morgen dort,
unterdessen in Syrien die Dörfer brennen.
Wir bauen Gebäude, die in den Himmel reichen,
baden in Freibädern und essen in Bars,
sind schick und modern, adrett und immer in der Zeit,
derweil ein kleiner Junge an Hunger in Äthiopien stirbt.
Wir begradigen Flüsse, leben im Fortschritt,
revolutionieren die Firma und unsere Gesellschaft.
Der Mensch erneuert, baut und alles wächst.
Die Führungskraft ist medial und wird geschult,
aber wir sind nicht in der Lage,
Hände zu reichen, aufeinander achtzugeben,
zu vergeben oder zu verzeihen.
Wir mobben und sind neidisch,
wir zeigen Ellenbogen statt zu gönnen.
Wir tauschen aus statt mitzunehmen,
wir halten klein statt auf Augenhöhe zu fungieren.

Wir sind Führungskräfte.
Aber wir sind nicht in der Lage,
wir schaffen es nicht,
während anderswo.
Wir sind Führungskräfte.
Eindeutig zweideutig!
Paradox.

Ist das nicht Kokolores, schwachsinnig,
meschugge, crazy, durchgeknallt?
Ist das nicht abwegig, unsinnig,
töricht und beschränkt?
Etwas absurd, grotesk
und am Leben vorbei?
Ist es das nicht?
Ist es das?

Ich lebe in Hotels und an leuchtenden Orten,
Ich trinke Campari-Spritz und trage Zwirn.
Alles strebt auf und ist mächtig,
Wir bekämpfen den Jetlag mit Crevetten,
Verbessern unser Handycap und bestellen à la carte,
Während vor unserer Grenze Flüchtlingskinder hungern.
Wir schaffen nichts, ist es nicht so?
Alles glänzt und wächst mit mir,
Aber ich habe es wieder nicht geschafft,
meinen Sohn zu umarmen, zu sagen, wie sehr ich ihn liebe.

Ich bin eine Führungskraft,
merkt er noch im Landeanflug an,
Und jetzt lande ich wieder in meiner perfekten Symmetrie,
mit gebleachtem Lächeln, SUV am Kindergarten,
Weißwein mit Eis und Klimawandel am Arsch.

Sagt Udo Michalski,
So nebenbei und doch mittendrin,
eindeutig zweideutig,
zwischen Underberg und Chardonnay,
über leuchtenden Städten,
die Lichter wie Nerven im Gehirn,
hier im Flieger Düsseldorf nach Palma de Mallorca.

Fotos: Bernd Steckelbroeck

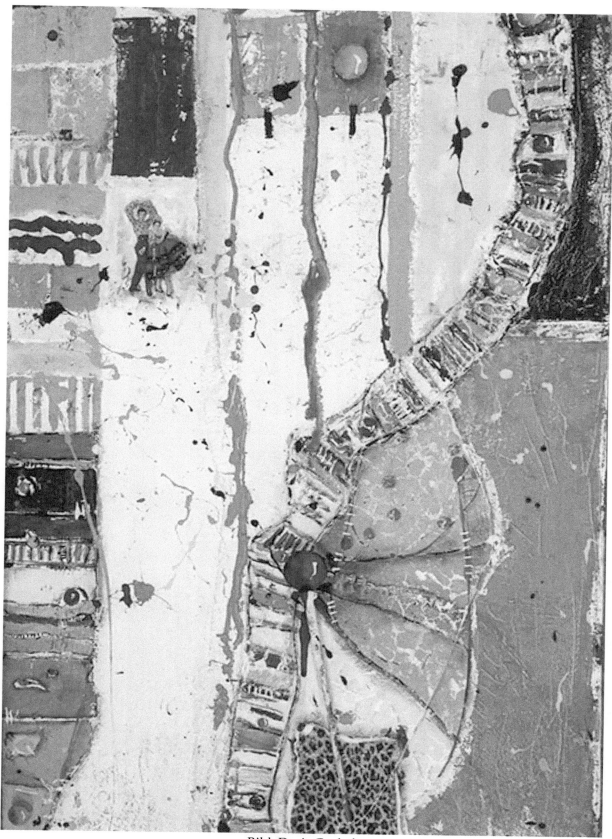

Bild: Doris Goebel

Bilder: Doris Goebel

74

Das Lachen einer alten Frau

Nebel fällt am Niederrhein
Grünes Feld liegt im weißen Dunst
Blauer Fluss fließt durch Auf und Ab
Nasse Luft umschließt den Berg und Bau

Morgensonne bricht in Dunkelheit
Orange Farbe vermischt das Grau
Ein Tag fängt an
Die Wiesen funkeln im Regentau
Ich habe sie immer noch vor Augen
Wie sie jeden Tag mit dem Fahrrad
Die Düsseldorfer Straße hoch
Durch Bergheim bis Rumeln
Rechts auf den Trompeter Friedhof fährt
Ihre weißen Haare wehen im Wind
Sie fährt langsam und nimmt sich Zeit
Wozu sollte sie sich beeilen?
Sie hat immer einen Strauß Blumen hinten drauf
Und eine grüne Gießkanne aus Plastik

Sein Grab liegt direkt neben dem meiner Mutter
Mit schnellen Fingern, leicht gebückt
Fegt sie die Steinplatten frei
Grünes Moos schimmert an Buchstaben
Verwelkte Blätter fliegen umher
Bäume rauschen und erzählen Geschichten

Sie steht dort und schweigt
Nur einen Moment
Ein großes Gefühl fliegt durch ihren Körper
Erinnerungen, Trauer, Liebe
Und sie hört die Stille

Sie lächelt
Denn die Zeit mit ihm war schön
Ihr Mund zeigt die Liebe, die sie trägt
Sie weint
Das Leben ist schwer ohne ihn
Tränen bedeuten Schmerz
Es ist das Lachen einer alten Frau
Sie lacht und sie weint

Die Sonne ist heiß, der Mond ist kalt
Liebe und Schmerz verknoten sich
In ihrer Seele

Wenn sie mir Geschichten erzählt
Dann lacht sie
So, als sei es gestern gewesen
Erinnerungen halten sie am Leben
Sie erzählt von der Flucht
Von Posen und Mecklenburg
Von Russland und der Gefangenschaft
Ihre Hand wandert zu ihrer Bernsteinbrosche
Er mochte Bernstein
Und eine Träne tränkt ihr Auge
Ihre Augen sind braun
Wie der Bernstein in ihrem Herzen
Sie lächelt
Denn die Zeit mit ihm war schön
Ihr Mund zeigt die Liebe, die sie trägt
Sie weint
Das Leben ist schwer ohne ihn
Tränen bedeuten Schmerz
Es ist das Lachen einer alten Frau
Sie lacht und sie weint
Die Sonne ist heiß, der Mond ist kalt
Liebe und Schmerz verknoten sich
In ihrer Seele
Etwas
Bewegt sich in ihr
Etwas
Macht einen verbitterten Geschmack
In ihrem Mund
Ein Mischung aus Resignation und Vergänglichkeit
Etwas
Was sie nicht benennen kann
Oder möchte
Aber sie zeigt keine Regung
Nur die Seele schluchzt
Und sie fährt mit dem Fahrrad
Durch Bergheim bis Rumeln
Rechts auf den Trompeter Friedhof
Ihre weißen Haare wehen im Wind
Sie fährt langsam und nimmt sich Zeit

Wozu sollte sie sich beeilen?
Sie hat immer einen Strauß Blumen hinten drauf
Und eine grüne Gießkanne aus Plastik
Sein Grab liegt direkt neben dem meiner Mutter
Sie steht dort und schweigt
Nur einen Moment
Ein großes Gefühl fliegt durch ihren Körper
Erinnerungen, Trauer, Liebe
Und sie hört die Stille

Alte Frau schenkt ihren Kindern Leben
Und sie atmet die Luft der Erde
Alte Frau kann Hoffnung geben
Und sie trinkt das Wasser im Fluss
Alte Frau kann den Menschen vergeben
Und ihr Herz schlägt sanft
Alte Frau wartet auf das Licht
Es ist das Lachen einer alten Frau
Sie lacht und sie weint
Die Sonne ist heiß, der Mond ist kalt
Liebe und Schmerz verknoten sich
In ihrer Seele

Altes Herz schlägt sanft im Rhythmus
Alte Frau lächelt still
Die Erinnerung gibt ihr Kraft
Und Gesicht

Alte Frau lebt weiter
Alte Frau wartet still
Auf das Wiedersehen
Und das Licht

Fotos: Pxabay

Gestatten, Fricke, einfach Fricke

„Hasse gehört?", sagt die Edith Kuslowski zu mir, bei Edeka in Schwafheim.

„Sonne aus dem Po is tot!"

Ich konnte es gar nicht glauben.

„Wie dat?"

„Ganz tragisch", sagt die Kuslowski, „der is wohl von der Rheinbrücke in Emmerich gesprungen. Fricke muss wohl total depressiv am Ende gewesen sein. Tragisch."

„Von der Brücke in Emmerich? Der ‚Sonne aus dem Po', dat glaub ich nicht! Das ist doch die Frohnatur in Person, das Glück höchstpersönlich und der seligste Mensch vom Niederrhein! Fricke und depressiv? Wie soll dat gehen? Der kann überhaupt nicht traurig sein! Der doch nicht."

Sie müssen wissen, liebe Querdenker, „Sonne aus dem Po" hieß eigentlich Fricke. Aber Fricke war die Liebe in Person, immer ein Lächeln im Gesicht, immer eine Geschichte parat, um dich aufzumuntern, und immer eine Umarmung für andere über. Vielleicht kennen Sie auch solche Leute, die immer gut drauf sind, egal ob Winter, Regen, Sturm, ob die krank sind oder den Job verloren haben, die sind immer gut drauf, immer auf der Sonnenseite und immer ein Lächeln zum bösen Spiel.

Deshalb sagten wir zu Fricke immer: „Sonne aus dem Po".

Gut, seltsam war der, weil er den einen oder anderen Tick hatte. Wenn er sich vorstellte, dann sagte er zum Beispiel:

„Gestatten, Fricke, einfach nur Fricke!"

Egal, ob der in der Kneipe war, auf der Hochzeit oder im Bürgeramt Rheinhausen, er sagte immer:

„Gestatten, Fricke, einfach Fricke!"

So griff der auch der Frage vor: „Wie, Fricke? Haben Sie keinen Vornamen?"

Nein! Einfach nur Fricke. Aber immer gut drauf, immer gut gelaunt, dem schien 24 Stunden die Sonne aus dem Po!

Und wenn du ganz unten warst, dann hat der dich mit seiner Clowns-Art wieder hochgeholt. Der Fricke holte immer einen Spruch aus der Schublade, selbst wenn du ganz unten in der untersten Schublade des Lebens lagst, dann hat der einen Spruch noch unter dem Schrank hervorgeholt, und dir ging et gleich besser! Der Fricke konnte dir immer erklären, dass es irgendwo auf der Welt noch einen gibt, dem et noch schlechter geht als dir, und gerade jetzt, wo du am Boden liegst. Das war Frickes Talent!

Ein Sonnenaufgang, eine Sternschnuppe und eine Wunderkerze zu sein.

Fricke war manchmal so glücklich und fröhlich, dass ich mir verkneifen musste, dem keine zu verpassen, so glücklich war der. Immer einen Lotto-Sechser im Gesicht.

Schon fast Belästigung. Der hat dich mit seiner Fröhlichkeit belästigt.

Ich hab immer gedacht, der Fricke fällt irgendwann tot um, kommt dann mit dem Kopf noch mal kurz hoch und sagt: „Des einen Tod ist des anderen Brot, schön war es, auf der Welt zu sein! Gestatten, Fricke, einfach nur Fricke!"

Im Tode noch glücklich! Selbst in der Unterwelt noch einen Platz an der Sonne.

Und die Kuslowski sagt: „Der Fricke muss am Ende total depressiv gewesen sein, sagt man sich. Also, da müssten sich schon viele irren, wenn der am Ende nicht total depressiv gewesen wäre! Jedenfalls hat ihn seit vier Wochen niemand mehr gesehen, auch die Eltern nicht. Aber die Mutter war ja schon seit dreißig Jahren depressiv, sagt man sich. Ich hab die nie lächeln gesehen, die lief immer wie Falscheisen rum, immer nett, aber total depressiv. Die reinste Party-Bremse, immer nett, aber total depressiv.

Die Fricke konnte man am Ende gar nicht mehr einladen, dat hört sich schlimm an, aber die war ja so depressiv, obwohl die so nett war, aber leider auch so total depressiv. Schade.

Ich sag Ihnen, Herr Kersken, wenn man sich mit der Fricke unterhalten hat, dann hat die nie was gesagt, da wusste man gar nicht, was man noch alles erzählen sollte.

Unhöflich war die nicht, die Fricke, sie hat immer gegrüßt, war auch sonst immer da, aber immer still und total depressiv. Nett, aber total depressiv. Schade.

Wirklich schade. Sie war ja auch total intelligent und hat kurz vor Kevelaer dieses Blumencenter geführt. Also hochintelligent, die Fricke, hochintelligent, aber total depressiv, schade."

Und als die Kuslowski fertig war, dachte ich noch, also der Fricke von der Brücke in Emmerich? Der ‚Sonne aus dem Po', dat glaub ich nicht! Das ist doch die Frohnatur in Person, das Glück höchstpersönlich und seligste Mensch vom Niederrhein! Fricke und depressiv? Wie soll dat gehen? Der kann überhaupt nicht traurig sein! Der doch nicht.

Und hochintelligent ist er auch noch. Drei Instrumente spielt er: Gitarre, Klavier und Klarinette. Gut, ein wenig seltsam ist er, aber dabei hochintelligent!

Ich hab genau vor Augen, wie er bei uns in Bergheim beim Griechen sitzt, immer am Tisch neben dem Klosett, an der Kegelbahn. Immer für sich, und immer ein wenig vor sich hin brabbelnd, aber hochintelligent dabei, die Leute haben es nur nie gemerkt und hielten ihn nur für seltsam. Wie letztens, die zehn Jungs von der Kanzlei Wackermann, die einen hohlen Spruch über Flüchtlinge nach dem nächsten rissen, dann rief der Fricke vom Tisch rüber: „Gestatten, Fricke, einfach nur Fricke! Eines Tages steigt der Koloss von Rhodos herab, und nachdem er schon Demetrios Poliorketes besiegt hat, kommt er durchs Meer geschwommen und zeigt uns Deutschen wirklich mal, was Belagerung und Leiden zu bedeuten hat! Scheinbar habt ihr den 2. Weltkrieg und das Leiden der Menschen und was uns die Geschichte daraus gelehrt hat, nie begriffen! Ihr Herren Rechtsanwälte!"

Dann rief der Wirt Charalampos, was so viel heißt wie „Kämpfer", immer in den Saal rüber: „Fricke, hör dat Schwatten auf, sons bisse gleich woanders!"

Dabei wussten die Herren von der Kanzlei Wackermann gar nicht, wer Demetrios Poliorketes war und was damals Unmenschliches in Rhodos passiert ist, aber die wissen so vieles nicht, sind aber nur am Schwatten und machen auf hochintelligent dabei!

Und nach dem achten Ouzo sang der Fricke auch immer kleine Lieder vor sich hin, das war echt ein Phänomen, wie viele Lieder der kannte. Oder Lieder aus der Oper, der Fricke hatte ja eine Jahreskarte in der Oper Krefeld, also gebildet war er, das sollte man nicht meinen. Also, der Fricke war nicht nur gebildet, sondern auch hochintelligent. Wissen schützt ja nicht vor Dummheit oder der Schulabschluss vor Torheit. Aber der Fricke, der spielte drei Instrumente und hat immer von einem Ort geträumt, wo er einfach nur Musik spielen könnte und singen durfte. Mehr brauchte er nicht für das Glücklichsein.

Aber die Eltern wollten, dass er im Gartencenter anfängt und den Laden irgendwann übernimmt. Die Mutter war ja depressiv, sagt man sich ja, und er sollte den Laden irgendwann schmeißen. Ich glaub, letztes Jahr hat er dann in der Frühlingssamenabteilung angefangen, aber ob er damit glücklich war? Ich weiß et nicht? Aber die Eltern wollten das so, die haben zum Fricke immer gesagt: „Du bist so seltsam, du kommst doch nirgendwo zurecht. Die Welt da draußen nimmt keine Rücksicht auf dich und deine Träume!"

Und dann hat der Fricke in Kevelaer in der Frühlingssamenabteilung angefangen.

Dabei wollte er nur irgendwo sitzen, da wo die Sonne den Boden berührt, wo Laternen im Himmel wehen und er spielt Klavier für die Menschen. Mehr nicht.

Doch die Eltern wollten es so, weil der Fricke so seltsam sei und die Welt nun mal keine Rücksicht nimmt. „Das sei das Beste für ihn", sagte die Kuslowski, hätte die Mutter wohl letztens noch gesagt.

Aber ich sag ja immer: **„Ich möchte nicht das Beste für meine Kinder, sondern das Richtige!"**, vielleicht ist das gut gedacht oder vielleicht auch nicht. Ich weiß es nicht. **Das, was wir wollen, ist vielleicht auch nicht immer das, was wir brauchen.**

Ich nenne das Dilemma, eine Bredouille, Schwitzkasten, Zwickmühle oder zwischen Szylla und Charybdis stecken, so würde Fricke jetzt bei Ouzo neben dem Klosett rüber rufen! Szylla und Charybdis sind übrigens Meeresungeheuer aus der griechischen Mythologie. Skylla hatte sechs Köpfe mit einer dreifachen Reihe Zähne in jedem Maul und fraß jeden, der in ihre Nähe kam. Charybdis sog dreimal am Tag das Meereswasser und Schiffe ein, um sie danach brüllend wieder auszustoßen. Isso! Der Fricke wüsste so was, so, wie er da immer bei Ouzo an seinem Tisch saß und von Musik und Orten träumte, wo die Sonne den Boden berührt und Laternen im Himmel wehen. Sonne im Po soll nicht mehr da sein? Der Fricke, der immer stark war, immer ein Lächeln übrig hatte, der soll den roten Lebensfaden und die Spur im Sand verloren haben? Das kann ich nicht glauben. Das möchte ich nicht glauben. Fricke war einfach, aber er hat Träume im Bauch gehabt, von Himmel und Laternen. Er hat gelebt und die anderen haben nur überlebt.

Und am Tisch neben dem Klosett, direkt an der Kegelbahn, da saß er mit Ouzo an seinem Tisch und träumte von Musik und Orten, wo die Sonne den Boden berührt und Laternen im Himmel wehen. Manchmal wurde er auch poetisch und fing auf einmal an, mir ein Gedicht zu erzählen oder eine Hoffnung zu flüstern, dann rief der Charalampos, der Krieger, immer in den Saal: „Fricke, hör dat Schwatten auf, sons bisse gleich woanders!"

Aber ich sagte dann: „Nee, lass den Fricke mal, ich möchte dat hören!"

Und er schwelgte vor sich hin:

„Manchmal gelingt es uns nicht,
Dinge anders zu machen.
Wir halten aus und haben Angst vor Veränderung.
Das ist absurd, fast paradox.
Wir halten aus, aus Angst und wegen unseren Erwartungshaltungen.
Wir sind Weltmeister im Angst haben und aushalten.
Veränderung täte uns gut, aber wir steigen immer wieder in dieselben Fußstapfen.
Blind, im Rhythmus der Zeit, so laufen wir durch den Alltag,

von Tag zu Tag schütteln wir Hände und reihen uns wieder ein.
Zurück in den täglichen Wahnsinn von Ellenbogen, Frust und Konkurrenzkampf.

Aber manchmal reicht ein kleiner Augenblick,
eine Berührung oder ein Wort aus,
etwas Gesprochenes oder eine kleine Geste,
damit wir andere Wege gehen
und wir uns für das Leben neu öffnen.

Manchmal begegnest du einem Menschen,
der dich verzaubern kann,
er landet in deinem Leben wie ein Schmetterling auf einer Blume.
Er berührt dich und dein Herz erwärmt.
Manchmal hören wir etwas, was uns berührt.
Einen Impuls, ein Dankeschön oder ein Lob.
Und die Welt sieht wieder schöner aus.
Manchmal kommt ein ‚Entschuldigung‘, womit wir nicht gerechnet haben.
Oder dir öffnet jemand eine verschlossene Tür.
Und plötzlich kannst du dich der Welt wieder mit etwas Liebe öffnen.
Dein Frust, dein Zorn, deine Wut auf die Welt und den Menschen darin weicht,
weil dich jemand berührt.

Manchmal landet ein Mensch in deinem Leben,
wie ein Schmetterling auf einer Blume,
manchmal öffnet ein Mensch eine verschlossene Tür,
manchmal durchbricht ein Mensch Wände und Grenzen,
nur durch eine Entschuldigung oder ein aufmunterndes Wort.
Vielleicht sind es die kleinen Berührungen im Alltag, die unserer Welt fehlen,
um den Frust und den Zorn auf andere zu vertreiben.
Oder kleiner zu machen.

Manchmal sollten wir kleine Berührungen schenken,
oder uns wieder mehr berühren lassen,
von kleinen Worten, einem Dankeschön oder einer Entschuldigung,
einer Umarmung und einem Aufeinander-zugehen.
Nicht immer Händeschütteln, misstrauen oder bewerten.
Nicht immer einreihen und sich verschließen.
Einfach mal anders auf andere zuzugehen,
Muster durchbrechen, durch eine kleine Berührung.
Manchmal landet ein Mensch in deinem Leben,
Wie ein Schmetterling auf einer Blume,
manchmal zündet dir ein Mensch ein Lichtlein an,
inmitten der Nacht und dein Herz schlägt höher.

Vielleicht fehlt der Welt genau das,
diese kleinen, kostenlosen Berührungen,
die uns alle so sehr fehlen und am Leben halten."

Ich fand das poetisch, irgendwie schön, wenn Fricke so sprach. Das berührte mich immer!

Jetzt ist Fricke weg. „Sonne aus dem Po" soll gesprungen sein!

Aber Fricke war doch nie depressiv, immer lächelnd, immer ein Lächeln für fremde Menschen, immer einen Spruch parat, so hat er dem Leben getrotzt, wie er da beim Griechen mit Ouzo am Tisch saß, am Klosett, neben der Kegelbahn.

Da, wo er geträumt hat, von Orten, wo Laternen am Himmel hängen.

Da, wo die Sonne den Boden berührt. Genau dort wollte Fricke sitzen und für die Menschen Klavier spielen, ohne zu reden, sie einfach nur mit seinem Klavierspiel berühren und diese Wut vertreiben.

Die Wut auf alles.

Fricke haben sie noch nicht gefunden, vielleicht ist er ja gar nicht gesprungen, vielleicht sitzt er irgendwo an der Reling auf der Aida, spielt Klavier ohne ein Wort dabei, die Delfine springen ihm auf die Tasten und er fährt zu den Orten, wo Laternen im Himmel hängen und die Sonne den Boden berührt.

Und die Menschen lassen sich berühren und begegnen der Welt wieder mit mehr Liebe. Die Wut auf andere weicht, weil sie sich von Fricke berühren lassen.

„Vielleicht ist das so. Ich hoffe es. Bestimmt", dachte ich so, bei Edeka in Schwafheim.

Fotos: Alexandra Born

Die besten Weisheiten vom Niederrhein

„Im Kopf hatte es gerade noch Sinn gemacht, aber auf der Zunge des Niederrheiners wurde jegliche Essenz zum Paradoxon!"

Fotos: Axel Akki Schepers & Bernd Steckelbroeck

Die besten Weisheiten vom Niederrhein:

Der Niederrheiner besitzt die Lebenskunst
mit 90% Leuten auszukommen,
die er nicht mag. So hört sich das
zumindest an, wenn man sich mit einem
Niederrheiner über andere unterhält!

Mensch sein

Was bedeutet es eigentlich, heute Mensch zu sein?
Der Mensch ist längst
Zu einem Stück Alltag geworden
Und er lebt ihn montags bis freitags
Hundertvierundzwanzigtausendachthundert
Stunden lang!
Manche leben Alltag natürlich mehr,
Manche weniger
Der eine Mensch steht pünktlich um sieben auf, der andere dreht sich lieber zweimal um
Sie geht halbtags, er arbeitet bis um vier
Der Mensch lebt Alltag!
Seinen grauen Alltag oder rosaroten Alltag, seinen schwarzen Montag
Oder Gründonnerstag
Der Mensch lebt im Alltag, vom Alltag, durch Alltag, durch ihn hindurch
Ja auch mit ihm, je nachdem wie man es nimmt
Ob schwer oder leicht, lachend oder weinend
Wie man es eben nimmt

Aber immer auf dem Sprung, mit Blick auf die Uhr
Handyklingeln, hopp, aufstehen, Rollladen hoch
Duschen, Zähne putzen, Kaffee, Nutella-Schnitte
Katze von der Tür wegschieben, Treppenhaus
Linker Fuß, rechter Fuß, möglichst schnell voran, Ticktack
Tagesticket und Regionalexpress
Man kennt sich im Abteil
Immer die gleichen Phrasen
Durchziehen den gleichen Morgen
„Wetter könnte besser sein. Is am Dröppeln!"
„Und sonst!", „Muss!"
„Malesse mit Rücken!
Aber könnse nix dran machen!"

Ein Anderer wiederum bleibt morgens ganz liegen
Die Zeiten waren ja auch schon mal besser
Und überhaupt war früher alles besser
Denn heute müssen wir vieles
Einfach so schlucken, uns abfinden
Und in uns hineinfressen
Schlucken, abfinden, hineinfressen
Das ist unser Muster

Schlucken, abfinden, hineinfressen
Immer in die Fresse, is ja so!
Abfinden, schlucken, nein, zuerst schlucken,
Dann abfinden
Und dann erst in sich hineinfressen
Nicht vertauschen
Das ist wichtig mit der Reihenfolge, nicht wahr, Sonst funktioniert der Alltag nicht
Wir müssen dieses Muster im Schlaf quasi verinnerlichen
Schlucken, abfinden, hineinfressen
Wenn wir nicht mehr denken und fühlen
Sondern verinnerlichen und funktionieren
Dann ist das Ganze besser zu ertragen
Verinnerlichen, verinnerlichen, verinnerlichen
Dann hält man es aus!
Schlucken, sich abfinden und dann hineinfressen
In dieser Reihenfolge und nur so!
Viele Menschen probieren es deshalb mit Feng-Shui Oder Qigong
Die Energien sollen fließen und wir werden eins Mit dem großen Ganzen
Das Universum lacht uns an: Haha!
Auch Yoga und Tai-Chi sind gefragt
Wenn nicht nach außen,
Dann wenigstens innen stark!
Andere hauen sich abends lieber ein Herrengedeck aus Bier, Rotwein und Korn rein
Da fühlt man dann gar nichts mehr! Praktisch!
Die Nachbarin schwört auf Baldrian und Johanniskraut aus dem Supermarkt
Pillen für den Schlaf, Kraut gegen die Ängste
Wenn schon hineinfressen, dann mit innerer Gelassenheit aus der Verpackung!

Manch einer hat geistig gerade erst den Kommunismus überlebt
Und gründet mir nichts, dir nichts eine Partei Des Protestes
Jede Nische wird politisch besetzt
Jede Knalltüte wird gewählt, Hauptsache es wird alles anders
Könnte ja sein, dass alles anders wird!
Die Hoffnung und son Kram stirbt ja bekanntlich zuletzt
Die Versprechen verheißen: Wir meinen es christlich gut mit euch!
Wählt uns, wir machen alles besser
Aus Rechts mach christlich, aus Links mach Liberal und die Mitte fällt einfach aus!
Dann spielen sie mit den Ängsten der Menschen
Und auf Wahlplakaten steht: Wir sind im Religionskrieg! Flüchtlinge raus! Menschen raus!
So ist das heutzutage, wenn wir uns an alte Werte nicht mehr besinnen können
Dann muss eben fix was Neues her, was Besseres oder was anderes

Wenn schon nicht innerlicher Frieden
Dann wenigstens an gesellschaftliche Utopien glauben
Wie Gleichheit vor Gott, Freiheit und Schutz des Gemeinwohles
Gestrickt zu einem Mantel aus durchsichtigen Illusionen
Und für jeden ist was dabei
Schließlich muss man ja an irgendwas Glauben, Sonst dreht man ja durch!

Foto: Pixabay.com

Den Kaffee mit Milch und Zucker oder schwarz?
Haben Sie schon vorgesorgt? Probieren Sie es doch mal mit Riestern
Fallen Sie in die Ehe- oder Scheidungsstatistik?
Mieten Sie oder haben Sie Eigenheim? Oder vielleicht geldwerte Vorteile?
Können Sie Gefühle zeigen? Weinen Sie heimlich, alleine oder überhaupt nicht?
Das kommt darauf an, wie dünn die Wände sind!
Immer diese Fragen, Fragen, Fragen, die einen am Leben hindern
Als hänge das Glück und Gesundheit von der Höhe der Rente ab
Oder Zufriedenheit und Selbstliebe davon, ob ich Abteilungsleiter werde
Mir geht es beschissen, aber Hauptsache, die Zeit spricht Rolex!

Einige versuchen es deshalb mit Motivationskursen oder Bewerbungstraining
Selbstfindungsprozesse oder wie mache ich aus mir etwas Besseres?
Für jede menschliche Eigenart und Schwäche gibt es den passenden Kurs
Als könnte man aus Mettwurst Marzipan machen!
Die sich selbst Realisten nennen, wollen das Geschehene begreifen, bewerten und rationalisieren
Sie versuchen die Welt so realistisch zu begreifen, wie sie die Welt schon immer begreifen wollten!
Andere hetzen ins Fitnessstudio und schwitzen sich den Stress aus Seele und Leib

Das Schwitzen tut mir jut, ich brauche das!

Die Perfektionisten wollen die Welt täglich im Detail verbessern

Und machen damit nur noch alles schlimmer

Die Fanatiker oder Grundüberzeugte genannt

Ernähren sich nur noch von Grünzeug

Für eine biologisch, vegetarisch, vegan angebaute Landgurke

Die von glücklichen Bauernhänden gepflückt, gestreichelt und eingetütet wurde

Würden sie morden! Morden!

Sich gesund ernähren heißt stark sein für den Alltag

Stark gegen die anderen sein, überleben heißt das Ziel!

Ellenbogen raus, jeder kümmert sich um sich selbst

Wenn es hart auf hart kommt, bin ich mir am nächsten

Passt das Hemd nicht zum Jackett, bist du unten durch

Einmal falsch angezogen und du bist out

Schon der Partner macht morgens Druck: Die Schuhe Passen aber nicht zur Hose!

Iss nicht so viel, trink nicht so viel, ich möchte aber, dass du Samstag nicht,

Also meine Mutter hätte das nicht so gemacht, aber deine Mutter

Und komm bloß nicht auf die Idee, das machst du immer

Immer dieses Wörtchen immer

Den Alltag überleben, immer adrett sein, akkurat

Hier mal ne Diät, da mal ein Spritzchen für die Lippchen

Und wir gehen wieder mit der Jugend und der Zeit

Immer mit der Zeit gehen, immer!

Jungbleiben, immer Vollgas, nie Nein sagen, machen, machen, tun!

Andere reisen durch die Zeit und Kontinente, Jetlag und Zeitverschiebung

Viele Menschen wiederum sind schon beim Ohrsessel und Sudokulösen angelangt

Ich kenne Bekannte, die rennen von Arzt zu Arzt, um den eigenen Verfall aufzuhalten

Überleben, überleben, loslassen ist schwer

Manche spielen Clown, haha!

Immer froh, immer lachen, jede Malesse wird weggegrinst

Jeder verlorene Tag mit einem Witz verscheucht

Raus, rein, Tür auf, Tür zu, zurück, nach vorn, eine Frage noch

Kurz nachgedacht: Hab ich alles, wie sehe ich aus, bin ich wer?

Wie isset, et muss, gestern war besser, hasse gehört, ja schlimm

Früher hät et so wat nicht gegeben. Früher!

Grüße, du auch, mach et jut!

Und nachmittags sitzt die Familie beisammen

Wie war dein Tag, wie gestern

Stimmung auf Halbmast!

Bitte schreiben Sie mit:

Betreff: Abmahnung von
Ich nehme Bezug auf Ihre Handlungen vom
In der Sie Ihre Kompetenzen bei Weitem,
Ihr individuelles Handeln mag zwar, aber!
Wir erwarten von Ihnen und nicht dass Sie Alleingänge!
Wir sehen uns leider gezwungen
Mit vorzüglicher Hochachtung,
Meine besten Empfehlungen!

So schreitet das Leben vor sich hin
Tür auf, Tür zu, Fenster öffnen, Fenster schließen
Handschläge und Verbeugungen ziehen sich durch den Tag
Menschen drängen durch die Innenstädte, aber keiner sieht sich
Sie starren beim Gehen auf ihr Handy, blicken durch die digitale Welt auf die Welt
Andere schauen nur, was andere tragen, schönes Karomuster!
Im Büro wird gelästert, was trägt die denn für ein Kleid, also Geschmack is anders!
Dat muss ich direkt der Karoline schreiben, also Geschmack is anders!
Überall Fassade, unechte Fratzen und geblähte Oberflächlichkeit
Überall geheime Absprachen, am Telefon, in den Pausen, auf dem Klo
Auf dem Golfplatz werden Pläne geschmiedet, auch in Restaurants
Beim Fußball, im Verein, in der Sauna und an den Stammtischen
Überall nur Beurteilungen und Bewertung!
Überall nur Gesichtspunkte, Einstellungen, Standpunkte und Blickwinkel
Also wenn es nach mir ginge, und überhaupt muss man, meiner Meinung nach
Man müsste, unser aller Wunsch, meines Erachtens, von unserer Warte aus!
Alle haben Perspektiven, hin und her, von links nach rechts
Von Braun bis Grün
Und schlecht geht es uns allen!
Oh, wie schlecht es uns doch geht!
Alles wird schlechter, alles!
Wie gut, datt et in der Kantine heute
Hähnchen Provence gibt
Da komm ich doch jetzt wieder son bisscken ins Reine mit mir und der Welt!
Dat gibt neue Kraft! Dat macht Hoffnung! Gibt Antrieb!
Der Peter Damens bringt ja sogar immer sein eigenes Besteck mit inne Kantine
Ja, von wegen der Sauberkeit! Aber dat muss ich schon sagen, der hat Probleme!
Nee wirklich, dat sind echte Probleme!
Dat Besteck hat der Peter ja vonne Omma aus Heidelberg geerbt
Von damals, aus`m alten Reichsbahnhof Heidelberg. Wirklich schön!
So wat hat Geschichte, aber wehe dat Besteck is morgens nicht gespült
Da is der ganze Tag im Arsch, aber so wat von!
Also dat sind Probleme! Dat sach ich dir aber!
Dem Peter geht et wirklich schlecht! Uns geht et wirklich schlecht!

Einige versuchen es mit Aromatherapie, trinken ökologischen Ingwertee
Manche gönnen sich ein Zahnbleaching für ein weißes, christliches Lächeln
Andere geben sich dem Buddhismus hin
Und öffnen sich dem
Was von oben auf uns herabfällt!
Nicht wenige folgen dem Rat der Sparkasse und sparen sich zu Tode!
Menschen, Verwandte und Freunde treffen sich
Sie lachen, weinen, lästern, schneiden und gehen, wenn es am schönsten ist
Oder Pärchen-Abend ohne Austausch, aber mit Gesellschaftsspielen
Schon wieder Stimmung auf Halbmast

Handyklingeln, Rollladen, Zähne putzen, Nutella-Schnitte
Katze von der Tür wegschieben, Treppenhaus
Linker Fuß, rechter Fuß, möglichst schnell voran, Ticktack
Tagesticket und Regionalexpress
Schlucken, sich abfinden und dann hineinfressen
Du redest, du rechtfertigst, du schweigst
Tagein, tagaus machst du das
Und irgendwann sagen sie über dich:
Sie haben nicht nur als geschätzter Mitarbeiter
Nein, auch als Mensch
Diesem Unternehmen zu hundert Prozent
Und vielleicht noch mehr
Tag und Nacht, sogar dafür Ihre Familie vernachlässigt
Ihr Leben und Seele, aufgeopfert, gekämpft
Und Sie haben uns gezeigt
Was es heißt, ein Mensch zu sein

Der Mensch wird gedacht, bevor er selber denkt
Der Mensch wird ergriffen, bevor er selber Schritte geht
Der Mensch wird eingenommen, bevor er fühlen kann
Dem Menschen wird auferlegt,
Bevor er sprechen kann
Und jeder seiner Wege wird gesteuert und gelenkt

Und was bleibt uns heute noch letztendlich vom Menschsein übrig?
Kriege, verkohlte Leichen und Asche
Stumme Steine, stille Ruinen, Häuser ohne Dächer und getrennte Familien
Ob Ägypten, Alexander oder Rom
Der Glanz der Menschen ist immer zugrunde gegangen
Mit eigener Hand, immer gegen sich selbst gerichtet
Kriege, verkohlte Leichen und Asche
Der Mensch hat es verlernt

Zu vergeben, Hände zu reichen und zu teilen
Der Mensch hat vergessen
Zu Fliegen wie eine Libelle, von Regenbögen zu Träumen
Über Religionen hinweg zu denken
Über Stände und Klassen hinweg zu denken
Über Kontinente und Ländergrenzen hinweg zu denken
Manchmal hat er es sogar verlernt
Über die kleine Stammtischkante hinweg zu denken
Im Wind zu schwelgen, wie ein Pflänzchen fein oder zu strahlen wie ein Licht
Das hat er verlernt

Bild: Axel Akki Schepers

Er findet nicht mehr die Stärke, wie die Weide unten am Rhein
Sie steht standhaft, einfach durch ihr stilles Sein!
Schlucken, abfinden, hineinfressen
Bewahren, beschützen, schleimen, aushalten, motzen, funktionieren
Rollladen hoch, Nutella-Schnitte,
Linker, rechter Fuß,
Möglichst schnell voran, ticktack, Tagesticket und Regionalexpress
Dem Menschen ist es abhandengekommen, im Hier und Jetzt zu sein
Zu sein und nur zu sein
Hand in Hand mit dem Leben zu gehen
Alles ist nur noch Glanz und trügerischer Augenschein
Aufgebläht, oberflächlich
Seelenlos, die Augen matt
Schlicht und einfach:
Der Mensch hat irgendwie verlernt
Menschlich zu sein
Und wir sollten vielleicht versuchen
Weniger Augenschein
Aber einfach wieder mehr
Mensch zu sein.

Ich weiß nicht, ob Sie das **Umschalt-Phänomen** kennen, aber das erkläre Ihnen mal. Sie sitzen auf dem Sofa, es ist Samstag Abend und Sie schalten auf das Erste. Ein gealterter Thomas Gottschalk sieht aus wie ein Papagei, Sie schalten auf das ZDF, sehen Florian Silbereisen singen, Sie schalten zurück auf den Papagei, dann auf das Vierte, wo ein „Best of" von Familien im Brennpunkt läuft, also zurück auf Thomas Gottschalk usw. usw.!

Wir sind in einer Gesellschaft angekommen, wo uns genau das beigebracht wird: wenn du nicht funktionierst, schalte ich um, bzw. tausche ich dich aus. Wenn uns etwas nicht gefällt oder kaputt ist, dann kaufen wir was neues. Wir tauschen aus, schalten um, wir wechseln, ändern, switchen und erneuern.

Das Internet sollte einmal dazu dienen, sich mit Menschen aller Welt zu verbinden, das nennt man Offenheit. Stattdessen bilden sich Gruppen, wo Gedankengut bei Gedankengut bleibt, wenn einem eine Nase nicht passt, wird er aus der digitalen Freundesliste entfernt. Umgeschaltet, ausgetauscht.

Bei Whatsapp blockieren wir andere Meinungen und wir haben längst den Algorithmus von Google und Wirtschaftskonzernen intus: wer du bist, das sagen wir dir, zeigen wir dir an und was uns nicht passt, das blockieren wir. Wir funktionieren deshalb ähnlich:

Wir wählen Protest, statt selbst zu denken.

Wir erwarten von anderen, statt Bedürfnisse selbst zu äußern.

Wir schalten um, statt Hände zu reichen und wieder zuzuhören, wir bleiben unter unseresgleichen, alles andere wird blockiert.

Der moderne Algorithmus heißt:

Vollgas, weiter so, nicht stehenbleiben.

Den Blick nach oben und nicht mehr auf sich selbst oder das Kleine im Leben.

Mauern bauen, statt Offenheit, denn jeder kann seine Meinung haben, es gibt genügend Facebook Gruppen und Algorithmen, die uns unsere Meinung festigen. Populismus statt Herzlichkeit und ein Ohr für Frieden.

In dem Ganzen haben wir uns selbst und unsere Bedürfnisse verloren. Alles geht voran, aber wenn wir nicht mehr funktionieren, dann werden wir ausgetauscht. Wir tun alles, um dabei zu sein.

Aber ist das noch gesund? Wo ist das Einfache im leben, das Schöne und Liebenswerte, was uns diese Welt eigentlich schenken könnte?

Corona könnte für uns eine Chance sein, eine Pause vom „weiter so" zu machen. Wir könnten Werte neu definieren, Geld gerechter verteilen:

brauchen wir den sechsten Manager mit Millionen-Gehalt oder doch lieber eine Krankenschwester mehr auf der Station? Was ist uns als Gruppe von Wert ? Was brauchen wir als Mensch und nicht, was braucht die Wirtschaft?

Welche Erwartungen richten wir an junge Generationen?

„Du musst studieren, dreimal um die Welt und falls du nicht Akademiker wirst, kannst du das Erbe abschreiben. Du bist nur wer, wenn du was bist!"

Aber was braucht der Mensch wirklich?

Warum entwerten wir Pflegeberufe oder Handwerksberufe durch schlechte Bezahlung?

Foto:: Axel Akki Schepers

Wir brauchen doch ein Dach über dem Kopf und wollen im Krankheitsfall vernünftig gepflegt werden. Sind es nicht oft die einfachen Dinge, **die der Mensch wirklich braucht?**

Zum Beispiel echter Austausch, wieder mehr echte Kommunikation statt mediale Übertragung und mediale Überflutung. Du wirst heutzutage zugeschissen mit tausend Meinungen, von tausend Seiten und allen Deppen dieser Welt. Zugeschissen dank der medialen Überflutung. Früher gab es maximal Fahrstuhlmusik, wenn du unterwegs gewesen bist, jetzt wirst du von allen Seiten bestrahlt. Aber wie sollst du da als Mensch noch Orientierung finden oder deine eigene Meinung und Werte? Unsere Uhren ticken längst anders!

Wir entwickeln uns, schreiten fort, schalten um. Wir verlieren den Blick für einfache Dinge, für Dinge, die uns persönlich wichtig sein könnten. Viele Menschen und vor allem Jugendliche treffen längst nicht mehr Entscheidungen, **die auf ihren Bedürfnissen basieren.** Bei der Berufswahl heißt es: „Was macht mein Konto voll und was ist gerade up to date?"

Hauptsache „in" sein, dabei sein, oben mitschwimmen. Und nicht:

„Was kann ich gut, worin bin ich talentiert oder was macht mir besonders Freude?"

„Mit 60 Jahren nimmt mich doch keiner mehr!"

Was soll das heißen? Ich bin kein Mensch mehr?

Mein Leben ist vorbei? Was sollen denn die Flüchtlinge sagen?

Ja, liebe Freigeister, **wir sind in der Entwicklung, in der Metamorphose.** Eindeutig!

Aber was ist dabei noch das richtige Maß und wo gehen wir darin verloren? Baden. Abhanden. Sorry, ich schweife wieder ab.

Eine Pause könnte uns hin und wieder helfen, uns neu zu entdecken. Ein Stillstand, ein Warten, ein wenig verharren müssen kann den Blick schärfen. Der etwas andere Blick auf uns könnte uns helfen, uns anders zu fühlen, in diesem ganzen Wirrwarr und Fortschritt.

„Anders" ist manchmal gar nicht schlecht.

Mal ehrlich, liebe Querdenker, mein ferner Bekannter Zupke hat doch recht, wenn er sagt:

„Die Welt steht schon längst aufm Kopp!"

Ich wünsche mir für die Zukunft wieder mehr Empathie und Mitgefühl, Miteinander und

Dialog, echte Treffen und weniger Populismus, bei denen viele Menschen verloren gehen oder über die Tischkante fallen.

Also, liebe Freigeister, alles Gute und vielleicht hilft Ihnen dieses Buch, um sich neu zu sehen oder einen kreativen Blickwinkel auf sich selbst und das Leben zu werfen.

In diesem Sinne: Tschüs und gute Besserung!

Foto: Akki Axel Schepers

Nachwort

„Mein Dank gilt allen Künstlern und Beteiligten, die mir geholfen haben, meine verrückte Idee umzusetzen. Kreativität für den guten Zweck, das ist keine Idee mehr oder ein kleiner Gedanke, sondern Realität. Menschen können mit ihrer reinen Fantasie und ihrem Optimismus bewegen, dazu brauchen wir nur unseren Glauben an etwas Gutes und eine Portion Hoffnung auf Veränderung, mit denen wir andere Menschen mitnehmen können!"

Steffen Kersken * 2020

Die Künstler des Buches:

Titelbild: Susanne Syrek

Die Fotografien:
Axel Akki Schepers – Bernd Steckelbroeck – Gabi Weber – Alexandra Born

Die Bilder:

Thorsten Kasel arbeitet mit verschiedenen Medien und Formaten, seine Bilder sind lasziv,lieblich, herausfordernd, kraftvoll, dann verschwimmen Details im Nichts, werden neue Stimmungen geboren, mit Facetten von Schönheit, Erotik und Lebensfreude! Facebook: Thorsten Kasel

Marlies Meier Freuken

Renate Squarr

Der Kunstverein " mal-mal im Pott" e.V. wurde 2013 auf Anregung ortsansässiger Künstler in Duisburg gegründet und sieht sich als Vermittler bildender Kunst. Der Verein ist inzwischen für sein kulturelles Wirken überregional bekannt. Aufgaben und Ziele des Kunstvereins mal mal im Pott e.V. sind, der Gegenwart zu zeigen und zu vermitteln, zeitgenössische Künstlerinnen und Künstler zu fördern, sowie Begegnung und Diskussion zwischen Kunst und Publikum zu ermöglichen. Die Künstler: Petra Bär, Margot Grote, Gisela Furch, Barbara Höpper, Ulla Kemper, Marlies Meier Freuken & Renate Squarr!
Malmalimpott.de

Züleyha Mau unterrichtet Kinder und Erwachsene in ihrem Dachgeschoss-Atelier in Rumeln-Kaldenhausen. „Malen und Zeichnen kann jeder lernen", ist die Lehrerin überzeugt. Als Buchautorin des Buches „Tüpisch", wirft Sie einen Blick auf den typisch deutschen und typisch türkischen Mitbürger, falls es die gibt. Die sympathische Z. Mau ist Grafikdesignerin mit Diplom und Künstlerin mit offenem Herz. Ihre Bilder,Grafiken, Collagen & Drucke vermitteln Energie, Kraft, aber auch spitze Beobachtungen, die den Moment festhalten können.

Petra Klein

geb. 1958, lebt und arbeitet in Moers

Autodidaktin

seit 2013 freiberufliche Fotokünstlerin

Statement

„Fotos werden so bearbeitet, dass sie die Emotionen wiederspiegeln, die ich im Moment der Aufnahme empfunden habe."

Zahlreiche Einzel- und Gruppenausstellungen u.a.

in Wesel, Duisburg, Moers, Xanten, Kamp-Lintfort, Rheinberg, Düsseldorf, Triberg, Barcelona (E), Zürich (CH), Conway (UK, New South Wales (AUS)

Auszeichnungen und Publikationen

ARTSY Gallery, 2. Halbjahr 2020

Aufnahme in Who's Who in Visual Art Vol. 2020

Aufnahme in WikiArticon 2019

Nominierung PalmArtAward 2019

3. Preis des Erna-Suhrborg-Preises 2017

Petra Klein, Thymianweg 10, 47445 Moers

petra@klein2.de

www.petra-fotokunst-de

Gudrun Pennart und Sigrid Sanner malen schon seit vielen Jahren. Was zunächst nur als Zeitvertreib gedacht war, entwickelte sich in den letzten Jahren mehr und mehr zur Leidenschaft. Während Gudrun Pennart sich viele Jahre überwiegend der gegenständlichen Aquarellmalerei widmete, lag Sigrid Sanners Schwerpunkt zunächst fast ausschließlich in der abstrakten Acrylmalerei. Aufgrund vielfältiger Anregungen fanden beide besondere Freude an der Intuitiven Prozessmalerei. Hier kommen Materialien aus der Natur, wie Marmormehl, Sumpfkalk, Sand und Erden, aber auch Quark, Kaffeesatz und Beize zum Einsatz. Die Farben werden mit Pigmenten selber hergestellt. Der Einsatz der vielen unterschiedlichen Materialien bietet bei der Arbeit ein hohes Maß an Gestaltungsfreiraum. Durch den Auftrag der Materialien werden Spannungen erzeugt, die beim Trocknen neue Strukturen entstehen lassen. Neben großflächigen Formen entwickeln sich feine und grobe Risse und Linien, die letztlich in zahlreichen Arbeitsschritten künstlerisch zum fertigen Bild gestaltet werden.
Kontakt: g.pennart@online.de

Doris Goebel aus Rheinhausen. Ihre Bilder sind „unperfekt", was daran liegt, dass sie alle schon einmal verwendet wurden! Diese Technik wird „upcycling" genannt. Goebel findet ihre Materialien auf Baustellen, Trödelmärkten und im Sperrmüll. Die Künstlerin gibt diesen Dingen eine 2.Chance, und wie! Ihr Atelier finden sie hier:

DODO`s Atelier – Werkstatt
An der Cölve 8
47447 Moers
Geöffnet Dienstags und Donnerstags

Weitere Fotografen & Mitwirkende: **Alexandra Born, Gabi Weber**

Projekt Heimat:

Das Büchlein für Wartende – Anekdoten und Geschichten für den Wartesaal, das Krankenbett und die Lebenskrise - kreative Blickwinkel über das Scheitern & Lebenspausen
Taschenbuch – von 2020

Weitere Veröffentlichungen von Steffen Kersken:

Verschlossene Welt - 2003

Mondlichttänzer - 2009

Da machste nix dran! - 2013

Dat is Ansichtssache! - 2015

Ergotherapie in der Psychiatrie – 2017

Hilfe et Weihnachtet! - 2017

Siehsse! Was bedeutet es,

Mensch zu sein? - 2017

Überall im Handel oder:

SteffenKersken.de